［新版］

子どもが伸びる ポジティブ通知表 所見文例集

小学校1年

知識・技能

思考・判断・表現

主体的に学習に取り組む態度

小川 拓 編

G学事出版

はじめに

　2020年4月に小学校で改訂学習指導要領が全面実施されてから、3年近くが過ぎました。高学年での「外国語」の導入、「外国語活動」の中学年への前倒し、「主体的・対話的で深い学び」等への対応に追われる一方、2020年初頭から始まったコロナ禍への対応等で、現場の先生方は大変な思いをされてきたことと思います。

　今般の改訂で、子供たちに育むべき力が「知識及び技能」「思考力、判断力、表現力等」「学びに向かう力、人間性等」の「資質・能力の三つの柱」に整理され、「評価」の方法も大きく変わりました。具体的に、これまで4観点だった評価規準が3観点に整理され、指導要録の作成、さらには通知表の作成も、この「資質・能力の三つの柱」に基づいて行われることになりました。この新しい評価をどう進めていけばよいのか、いまだに頭を悩ませている先生方もいることでしょう。その基本的な考え方を本書の「PART 1　解説 現行学習指導要領における学習評価と所見」（P.9〜）にまとめましたので、参考になさってください。

　もう一つ、見逃してはいけないのは、通知表の所見欄の記述方法です。通知表に書く所見文は、当然のことながら形成的評価、総括的評価等と整合性が取れていなければなりません。つまり、所見文も新しい評価規準である「知識・技能」「思考・判断・表現」「主体的に学習に取り組む態度」の3観点に準じる形で、書いていく必要があるのです。

　そうした観点から、学年別の模範文例を収録した『子どもが伸びるポジティブ通知表所見文例集』を2020年4月に刊行しましたが、それからの3年間で学校を取り巻く状況は大きく変わりました。「GIGAスクール構想」の推進で1人1台端末が配備され、ICTを活用した授業が多くの教科で展開されるようになりました。また、新型コロナウイルスの拡大防止のため、いまだ多くの学習活動が制限を受けています。

　そうした状況を受け、今回前掲書籍をリニューアルし、『新版 子どもが伸びるポジティブ通知表所見文例集』を刊行することとなりました。前回版から収録文例数も増え、「ICTの活用」や「感染症拡大防止」等の新たな課題にも対応しています。

　前回版と同じく、「PART 2　通知表・指導要録の「総合所見」で使える文例」（P.19〜）は、「行動特性」に関する文例と「学習面の特性」に関する文例が収録されています。「行動特性」の文例は、「基本的な生活習慣」「健康・体力の向上」等、指導要録の「行動の記録」の10項目に沿って収録されており、「学習面の特性」の文例は上述した「3観点」に沿って収録されています。つまり、「行動特性」の文例と「学習面の特性」の文例を組み合わせて記述すれば、指導要録にも転用できる、バランスの取れた総合所見文が出来上がります。

　学校現場が大変な状況にある中、本書の活用を通じて各先生が児童と共に過ごす時間が少しでも増え、評価の充実と子どもたちの健やかな成長に寄与することを願っております。

　2023年1月

　　　　　　　　　　　　　　　　　　　　　　　　　　　　　　小川　拓

本書の使い方

 総合所見の作成方法 ||||||||||||||||||||||||||||||||||||||

　通知表の総合所見は、子どもの**行動面の特性**と**学習面の特性**の両方を入れると、バランスの取れた内容になります。そのために、本書は次のような流れでご使用ください。

STEP1 ▶「行動面の特性」に関わる文例を選ぶ

　PART2 の「1 ポジティブな行動特性」（P20〜52）または「2 ネガティブな行動特性」（P53〜63）の中から1文を選びます。

1 ポジティブな行動特性（P20〜52）

> **1「ポジティブな行動特性」に関わる文例**
> **（1）「基本的な生活習慣」が身に付いている**児童の所見文
>
> | 主な行動特性 | あいさつができる／授業の準備ができる／片付けができる／宿題を忘れない／着席ができる／決まりを守る／丁寧な言葉遣い／整理整頓ができる／ルールやマナーを守れる／忘れ物をしない／手洗い・うがいをする／礼儀作法を守れる／姿勢が良い／物を大切にする |
> | --- | --- |
>
> 朝、教室に入って来たとき、自分からあいさつ　　　　　　　　　　　す。お友達にもすすんであいさつをする　　**この文例を選択**　　に包まれました。
>
> 朝と帰りのあいさつをしっかりと行うことができます。朝の会のあいさつは学級全体が明るくなるような大きな声を、帰りの会のあいさつは明日が楽しみになるような元気な声を聴かせてくれます。
>
> 毎朝、元気の良いあいさつが教室中に響き渡っています。○○さんのあいさつは、いつもみんなを明るくしてくれます。ハキハキとした**返事**も

2 ネガティブな行動特性（P53〜63）

> **2「ネガティブな行動特性」に関わる文例**
> **（1）「基本的な生活習慣」が身に付いていない**児童の所見文
>
> チャイムの合図で気持ちを切り替えて授業に集中することができたときは、話をよく聞いて発表する回数が多くなってきました。学習課題に集中して、活躍できるようになってきています。
>
> 忘れ物をする日が続き、学習に集中できないこともありますが、準備をしっかりとする習慣さえ身に付けば、落ち着いて学習に取り組むことができます。学校でも引き続き声を掛けていきます。
>
> 最初の頃は学習準備がうまくできず、戸惑う場面が見られましたが、友達の手助けもあって一人できるようになってきました。忘れ物のチェックをご家庭でもご協力いただけると助かります。
>
> **休み時間**は夢中になって遊んでいます。まだ時計を読むことができませんが、チャイムを聞いて行動することができるように指導を重ね、少し

STEP2 ▶「学習面の特性」に関わる文例を選ぶ

　PART2 の「3 学習面の特性」（P64〜100）から1文を選びます。

3 学習面の特性（P64〜100）

> **3「学習面の特性」に関わる文例**
> **（1）国語に関わる**所見文
>
> ◆「知識・技能」に関わる文例
>
> | 特性キーワード | 濁音・半濁音を正しく発音／促音を正し　を正しく発音／拗音・拗長音を正しく発 |
> | --- | --- |
>
> **この文例を選択**
>
> 「入門期」の教材「なかよしのき」で、さし絵を見ながら話を想像したり、気付いたことを話し合ったりすることができました。姿勢や口形、発声や発音に注意して話し合うことができました。
>
> 教材「わたしのなまえ」では、自分の名前をみんなの前で発表することができました。伝えたい事柄や相手に応じて、声の大きさや速さなどを工夫して自己紹介することができました。
>
> すすんで自己紹介の練習をしたり、友達の自己紹介を関心をもって聞くことができました。また、自己紹介をはっきりとした声で、敬語を使ってすることができました。

朝と帰りのあいさつをしっかりと行うことができます。朝の会のあいさつは学級全体が明るくなるような大きな声を、帰りの会のあいさつは明日が楽しみになるような元気な声を聴かせてくれます。

89文字

＋

「入門期」の教材「なかよしのき」で、さし絵を見ながら話を想像したり、気付いたことを話し合ったりすることができました。姿勢や口形、発声や発音に注意して話し合うことができました。

87文字

＝

176文字

STEP3 ▶所見文の完成

　本書に収録された文例は全て 71〜90 字なので、2 文を組み合わせることで 142〜180 字の総合所見が完成します。

▼2 「特別の教科 道徳」の所見の作成方法 ||||||||||||||

「特別の教科 道徳」の所見は、P102～106の文例から1文を選ぶだけです。

「特別の教科 道徳」の文例

特性キーワード
思いやりがある／うそやごまかしをしない／節度を守る／自分の長所に気付く／感謝の念をもつ／時と場に応じたあいさつや言葉遣い／決まり事を守る／日本の伝統文化に親しむ／他国の文化を尊重する／命の尊さを知る

「くりのみ」の学習では、きつねとうさぎの気持ちについて、学級のみんなと話し合いました。自分のことだけでなく、相手のことも思いながら生活していくことの大切さに気付くことができました。

「ダメ！」では、良いことと良くないことを区別するには何が大切なのかを考えました。自分なりの考えをまとめ、良いことをすすんで行おうとする心が自分にもあることに気付くことができました。

「なんていったらよいのか」の学習では、良くないことをする友達に何と言うかを体験しながら考え、良いことは自信をもって行動していくこと

「かぼちゃのつる」の学習では、節度を守らないと多くの人に迷惑がかかることを知り、周りの人のことを考えて、わがままをしないで自分の生活を整えていこうとする意欲をもつことができました。

「わたしのよいところ」の学習では、自分の良さについて考え、友達との話し合いを通して自分の長所をできるだけ多く見つけ、自分の特徴に気付くことができました。

[この文例を選択]

「◯◯◯◯◯◯◯」の学習では、自分の良いところを友達に教えるだけの良さを見つけ、それを大切にしていくことができました。

「いまがんばっていることはなんだろう」の学習では、自分がやるべき勉強や仕事を考え、やり遂げたときの喜びや充実感を味わい、努力している自分に気付くことができました。

「おふろばそうじ」の学習では、手伝いをすれば家族が喜び、それが自分の喜びとなることに気付き、家族のためにできることを頑張ろうとする

▼3 本書の特長 |||||||||||||||||||||||||||||||

特長① 各カテゴリーの冒頭に**特性キーワード**を掲載しているので、これを手掛かりに文例を探せます。

1 「ポジティブな行動特性」に関わる文例
(1)「基本的な生活習慣」が身に付いている児童の所見文

主な行動特性
あいさつができる／授業の準備ができる／片付けができる／宿題を忘れない／着席ができる／決まりを守る／丁寧な言葉遣い／整理整頓ができる／ルールやマナーを守れる／忘れ物をしない／手洗い・うがいをする／礼儀作法を守れる／姿勢が良い／物を大切にする

朝、教室に入って来たとき、自分からあいさす。お友達にもすすんであいさつをするの　**特性キーワード**
に包まれました。

朝と帰りのあいさつをしっかりと行うことができます。朝の会のあいさつは学級全体が明るくなるような大きな声を、帰りの会のあいさつは明日が楽しみになるような元気な声を聴かせてくれます。

毎朝、元気の良いあいさつが教室中に響き渡っています。◯◯さんのあいさつは、いつもみんなを明るくしてくれます。ハキハキとした返事も

特長② 網掛けの文例は、ネガティブな特性について書かれた文例です。文章自体は、ポジティブな視点から前向きに書かれています。

「チョッキンパッでかざろう」では、苦手意識のあるはさみも教科書のQRコードで動画を見たことでコツをつかめました。折り方や切り方を何度も粘り強く試し、体験から学ぶことができました。

「はってかさねて…」では、瀬戸ぬ花紙にちょんど白いのりの最も何度も試して発見し、ぎ　**ネガティブ特性に基づく文例**　分けることができ

「かみざらコロコロ」では、材料の接着の方法に悩み、ヒントコーナーに何度も足を運んでいました。試行錯誤しながら、材料によってのり、ボンド、テープを使い分け、上手に接着できました。

「みて、さわって、かんじて」では、初めは色や大きさの違いに目が向いていました。手や体全体の感覚を働かせるうちに、感触や光の通し方などの違いも、体験的に感じ取ることができました。

特長③ 学年別の文例集のため、**各学年の教材・単元名**などが文例に盛り込まれています。（教科書が異なる場合等は、教材名を置き換えてご使用ください。）

1年生の教材名
（教科書が異なる場合は置き換え）

「入門期」の教材「なかよしのき」で、さし絵を見ながら話を想像したり、気付いたことを話し合ったりすることができました。姿勢や口形、発声や発音に注意して話し合うことができました。

特長④ 本書には**索引**（P107～）が付いています。児童の活動内容（あいさつ、着替えなど）活動場面（朝の会、休み時間、遠足など）、学習内容（たし算、マット運動、鉄棒など）から検索できるので、児童について思い出せる場面をもとに、文例を探すことができます。

目 次

はじめに……………………………………………………………………………………3

本書の使い方………………………………………………………………………………4

PART 1

解説　現行学習指導要領における学習評価と所見

解説1　現行学習指導要領における学習評価……………………………………10

解説2　所見を書く上で気を付けたいポイント………………………………14

PART 2

通知表・指導要録の「総合所見」で使える文例

1　「ポジティブな行動特性」に関わる文例

（1）「基本的な生活習慣」が身に付いている児童の所見文………………20

（2）「健康・体力の向上」が見られる児童の所見文…………………………25

（3）「自主・自律」を意識した行動ができる児童の所見文………………30

（4）「責任感」を伴った行動ができる児童の所見文…………………………35

（5）「創意工夫」を凝らした活動ができる児童の所見文…………………38

（6）「思いやり・協力」の姿勢がある児童の所見文…………………………41

（7）「生命尊重・自然愛護」の心がある児童の所見文……………………46

（8）「勤労・奉仕」の精神がある児童の所見文………………………………48

（9）「公正・公平」を意識した行動ができる児童の所見文………………50

（10）「公共心・公徳心」を大切にしている児童の所見文…………………51

2　「ネガティブな行動特性」に関わる文例

（1）「基本的な生活習慣」が身に付いていない児童の所見文……………53

（2）「健康・体力の向上」において課題がある児童の所見文……………54

（3）「自主・自律」を意識した行動ができない児童の所見文……………55

（4）「責任感」を伴った行動ができない児童の所見文……………………57

（5）「創意工夫」を凝らした活動ができない児童の所見文………………58

（6）「思いやり・協力」の姿勢がない児童の所見文…………………………59

（7）「生命尊重・自然愛護」の心がない児童の所見文……………………61

（8）「勤労・奉仕」の精神がない児童の所見文………………………………62

（9）「公正・公平」を意識した行動ができない児童の所見文……………62

（10）「公共心・公徳心」を大切にしていない児童の所見文………………63

3 「学習面の特性」に関わる文例

（1）国語に関わる所見文
「知識・技能」に関わる文例 ⋯⋯⋯⋯⋯⋯⋯⋯⋯⋯⋯⋯⋯⋯⋯⋯ 64
「思考・判断・表現」に関わる文例 ⋯⋯⋯⋯⋯⋯⋯⋯⋯⋯⋯⋯ 66
「主体的に学習に取り組む態度」に関わる文例 ⋯⋯⋯⋯ 68

（2）算数に関わる所見文
「知識・技能」に関わる文例 ⋯⋯⋯⋯⋯⋯⋯⋯⋯⋯⋯⋯⋯⋯⋯⋯ 71
「思考・判断・表現」に関わる文例 ⋯⋯⋯⋯⋯⋯⋯⋯⋯⋯⋯⋯ 73
「主体的に学習に取り組む態度」に関わる文例 ⋯⋯⋯⋯ 75

（3）生活科に関わる所見文
「知識・技能」に関わる文例 ⋯⋯⋯⋯⋯⋯⋯⋯⋯⋯⋯⋯⋯⋯⋯⋯ 78
「思考・判断・表現」に関わる文例 ⋯⋯⋯⋯⋯⋯⋯⋯⋯⋯⋯⋯ 80
「主体的に学習に取り組む態度」に関わる文例 ⋯⋯⋯⋯ 82

（4）音楽に関わる所見文
「知識・技能」に関わる文例 ⋯⋯⋯⋯⋯⋯⋯⋯⋯⋯⋯⋯⋯⋯⋯⋯ 84
「思考・判断・表現」に関わる文例 ⋯⋯⋯⋯⋯⋯⋯⋯⋯⋯⋯⋯ 85
「主体的に学習に取り組む態度」に関わる文例 ⋯⋯⋯⋯ 86

（5）図画工作に関わる所見文
「知識・技能」に関わる文例 ⋯⋯⋯⋯⋯⋯⋯⋯⋯⋯⋯⋯⋯⋯⋯⋯ 87
「思考・判断・表現」に関わる文例 ⋯⋯⋯⋯⋯⋯⋯⋯⋯⋯⋯⋯ 88
「主体的に学習に取り組む態度」に関わる文例 ⋯⋯⋯⋯ 89

（6）体育に関わる所見文
「知識・技能」に関わる文例 ⋯⋯⋯⋯⋯⋯⋯⋯⋯⋯⋯⋯⋯⋯⋯⋯ 91
「思考・判断・表現」に関わる文例 ⋯⋯⋯⋯⋯⋯⋯⋯⋯⋯⋯⋯ 93
「主体的に学習に取り組む態度」に関わる文例 ⋯⋯⋯⋯ 94

（7）特別活動に関わる所見文
「知識・技能」に関わる文例 ⋯⋯⋯⋯⋯⋯⋯⋯⋯⋯⋯⋯⋯⋯⋯⋯ 96
「思考・判断・表現」に関わる文例 ⋯⋯⋯⋯⋯⋯⋯⋯⋯⋯⋯⋯ 98
「主体的に学習に取り組む態度」に関わる文例 ⋯⋯⋯⋯ 99

PART 3 「特別の教科 道徳」の所見で使える文例

「特別の教科 道徳」の文例 ⋯⋯⋯⋯⋯⋯⋯⋯⋯⋯⋯⋯⋯⋯⋯⋯⋯ 102

索　引 ⋯⋯⋯⋯⋯⋯⋯⋯⋯⋯⋯⋯⋯⋯⋯⋯⋯⋯⋯⋯⋯⋯⋯⋯⋯⋯⋯ 107

解説
現行学習指導要領
における
学習評価と所見

•

この PART では、2020 年 4 月から全面実施された現行学習指導要領における学習評価と所見について、基本的な事柄を解説していきます。

CONTENTS

◆解説 1
　現行学習指導要領における学習評価……………………………10

◆解説 2
　所見を書く上で気を付けたいポイント……………………14

現行学習指導要領における学習評価

小川 拓（共栄大学准教授）

1 学習評価の前に

　適切な評価をするためには、子供たちをよく見ておかなければいけません。テストの結果だけで成績を付けることができるのは、一部分です。適切な評価ができる教師は、良い授業も行っているはずです。単元目標などをしっかりと見据え、児童の実態に合わせた適切な計画・指導が行われていなければ、どこで評価するかも分からず、適切な評価ができるわけがありません。良い教師は、日々の形成的評価の中で児童の実態を把握し、様々な手段を使い「個別最適な学び」を創出していきます。形成的な評価の積み重ねがあってこそ、総括的な評価が生まれ、通知表や指導要録の文言につながっていくのです。

　通知表や指導要録の文言は、最終的な成績に対する文言でなくても構いません。子供たちの努力や経過、取組を書くこともできます。その際には形成的な評価と個別最適な学びを提供する教師の知識や分析力、指導技術が重要となってきます。

　子供たちを「よく見る」とは、適切に子供を褒められるということにつながります。「褒める教師」は、適切な評価ができると言っても過言ではありません。子供たちの悪いところは黙っていても目につきます。しかし良いところは、褒めてあげようという姿勢がなければ見つけることができません。そのため、いつ何時も子供たちを褒めてあ

げようという気持ちを持つことが大事なのです。イメージとしては、子供を褒めるスイッチを「ON」にしたまま子供たちと接するのです。その都度、「ON」にするのではありません。四六時中、「ON」にしたままにするのです。そのような姿勢が「子供たちを見る視点」を高めていきます。

2 現行学習指導要領における学習評価

　現行学習指導要領（2017年告示）において、各教科等の目標や内容は、教育課程全体を通して育成を目指す「資質・能力の三つの柱」に基づいて再整理されています。

> ア「何を理解しているか、何ができるか」（知識及び技能）
> イ「理解していること・できることをどう使うか」（思考力、判断力、表現力等）
> ウ「どのように社会・世界と関わり、よりよい人生を送るか」（学びに向かう力、人間性等）

　学習評価もこの「資質・能力の三つの柱」に準じて行われていることはご理解いただいているところだと思います。

　このうち「学びに向かう力、人間性等」については、「①『主体的に学習に取り組む態度』として観点別評価（学習状況を分析

的に捉える）を通じて見取ることができる部分と、②観点別評価や評定にはなじまず、こうした評価では示しきれないことから個人内評価（個人のよい点や可能性、進歩の状況について評価する）を通じて見取る部分があることに留意する必要がある」（中央教育審議会答申2016年12月）とのことから、観点別学習状況の評価（評定）については、以下の3観点で行われます。

①知識・技能
②思考・判断・表現
③主体的に学習に取り組む態度

　通知表の所見欄についても、学習面の記載はこれら3観点から見て、「優れている部分」や「課題のある部分」を記述していくことによって、評定との連動性が図られることになります。

　また、基本的な方向性も示されています。

①児童生徒の学習改善につながるものにしていくこと。
②教師の指導改善につながるものにしていくこと。
③これまで慣行として行われてきたことでも、必要性・妥当性が認められないものは見直していくこと。

　上記も踏まえながら幅広く、教育効果を高めるようにしながら学習評価に取り組んでいく必要があります。

　難しそうに聞こえますが、子供たちのために資質・能力を高めていくことを第一に考えながら教育活動を行っていれば、普通のことかもしれません。

３ 評価規準と評価基準を明確化し、公正な評価を

　人が人を評価するというのは非常に難しいことです。自分の感覚だけで評価を行うと「いいかげん」な評価になってしまったり、「学習内容（活動）」の評価から大きくかけ離れた評価になってしまったりします。

　そのために、「評価規準」と「評価基準」を設定する必要があります。どちらも「きじゅん」と読むために二つを混同してしまう先生も多いようです。簡単に説明すると、

「評価規準」⇒手本
「評価基準」⇒ものさし

となります。

　「評価規準」は手本ですから、この単元（授業）でこのような児童に育ってもらいたいという姿になります。「単元目標」や「本時の目標」と表現は異なりますが、非常に近いものになります。

　「評価基準」は、評価をする際の「ものさし」ですので、「A：たいへんよい」「B：よい」「C：もう少し」のような形で設定されます（通知表）。文章で表現され、観点の内容によっては、点数で表現されることもあります（指導要録と通知表では文言は異なりますが、考え方は同じです）。

　「B」を基準にして、それ以上を「A」それ以下を「C」とするような考え方もあります。また、「A」と「C」を明確に示し、「C」と「A」の間を「B」とするような場合もあります。

　実際に評価を行っていく際には、そうして設定された「評価基準」を参考にします。評価基準の文言は、文章で書かれていることが多く、そのため、評価「A」と「B」の境界が、判定しづらいケースもあります。同じような実態の児童であっても、ある先生は「A」、自分は「B」と評価が分かれてしまうこともあります。そうした状況が起

きると、児童ばかりでなく、保護者の信頼も失いかねません。

そうならないためにも、学校で評価について共通理解を図っておく必要があります。中でも一番大切なのは、学年（または、低中高のブロック）間の共通理解です。補助簿やメモ等を見ながら評価基準に照らし合わせ、学年で話し合い、細かい基準を明確にしていく必要があります。児童のノートやワークシート、作品などを見せ合いながら行うのも有効です。そうした話し合いを通じ、教師間、学級間の評価に対する考え方の差が埋まっていきます。また、若手教員が評価のやり方や考え方を先輩教員に学ぶ場にもなります。児童の作品等を見せ合えば、指導法にも話が及ぶことでしょう。若手にとっては、中堅・ベテランの指導法やちょっとした配慮、裏技的なテクニックやエッセンスを学ぶ良い機会にもなります。

（1）「知識・技能」の面から、所見をどう書くか

「知識・技能」の所見については、ペーパーテストや小テストの累積の結果を文章で書くこともできますが、児童の観察や実験の様子、文章で表した内容等も踏まえて記述していくとよいでしょう。

その際、個別の指導計画やスモールステップの指導等、「個別最適な学び」に向けた指導がポイントになります。通知表の評価は「Ｃ」であったとしても、必ず成長している部分があります。「できなかったものができるようになった」「○○ができるまで、あと一歩まで到達した」など、通知表の「○」印だけでは、読み取ることのできない部分を所見に記すと、児童にも保護者にも喜ばれる通知表となります。

（2）「思考・判断・表現」の面から、所見をどう書くか

「思考・判断・表現」では、授業内で単に話し合いの場を設けて、その様子を評価すればよいということではありません。文章、図やイラスト、ペアトーク、グループ活動、プレゼンテーション、作品の制作、その他の表現等を総合的に評価していくことになります。その際、観点別評価の評価基準に照らし合わせた上で、評価した部分を所見に記したり、特徴のある児童の様子を記述したりすることもできます。

通知表や指導要録の成績は「絶対評価」ですので、個人内評価の部分を通知表の所見で伝えることができます。また、授業を行う上で、児童が自ら「話し合いたい」「発表したい」「できるようになるための方法を考えたい」等の気持ちが起きるような授業づくりをしていくことも大切です。

（3）「主体的に学習に取り組む態度」の面から、所見をどう書くか

「主体的に学習に取り組む態度」の評価する姿や力については、「挙手の回数」「ノートの文字のきれいさ」「忘れ物」等、その児童の性格的な面やそのときの一時的な行動の様子を評価するものではありません。

「態度」という言葉から、「話を聞く姿勢（態度）が悪い」「私語が多い」等、態度が悪いから評価を「Ｃ」にするような評価は、適切ではありません。

「主体的に学習に取り組む態度」の「態度」とは、行われている授業の「目標」に向かっていく態度であり、自らが目標を持

ち、課題に向かって粘り強く取り組んだり、積極的に係わり、自己の学習を振り返ったりしながら学習を進める「態度」を評価するということになります。

そのように考えると、「主体的に学習に取り組む態度」は、「知識・技能」「思考・判断・表現」の2つの評価の観点にも、深く影響することになります。「ノートを丁寧にとっている」「話を聞く態度がよくなった」等は、行動面の所見でも十分に伝えることができます。

４ 通知表の作成における留意点

評価を行う際に児童の様子を見取っていくわけですが、全ての観点を毎時間行うというのも現実的ではありません。また、学期の最後にまとめて評価するというのもよろしくありません。ある程度まとまった指導の後に学習評価を行い、補助簿（学級の名表）に評価を記入していきましょう。

授業内で児童の様子を評価しなければいけない場合には、付箋を使うのも有効です。名表で名前を探して、「○△」や「ＡＢＣ」を記入するより、評価の観点と評価基準を頭に入れ、付箋に児童の名前を書いていった方が時間を短縮できます。

「ＡＢＣ」で評価するのであれば、「Ａ」と「Ｃ」の児童名を記録し、児童が下校後、補助簿に転記していくとよいでしょう。

５ 特別の教科道徳（道徳科）の評価について

道徳科の評価について、学習指導要領に「数値などによる評価は行わないものとする」とあるのは、周知のことと思います。また、「学習状況を分析的に捉える観点別

評価を通じて見取ろうとすることは、児童の人格そのものに働きかけ、道徳性を養うことを目標とする道徳科の評価としては妥当ではない（小学校学習指導要領解説 特別の教科道徳編）」にあるように、観点別評価も適切ではないとされています。

とはいえ、道徳科は「評価をしなくてよい」ということではありません。評価においては、「内容項目」ごとに知識を植え付け、それについて評価を行うのではなく、ある一定期間の児童の成長を積極的に見取り、評価していくことが大切です。その際、他者と比べるのではなく、個人内評価として記述していきます。

記述する際に、重視したいポイントは以下の2点となります。
①一面的な見方から多面的・多角的な見方へと発展させているかどうか。
②道徳的価値の理解を自分自身との関わりの中で深めているかどうか。

この点に留意しながら進めてください。

【参考・引用資料】
・道徳教育に係る評価等の在り方に関する専門家会議「「特別の教科道徳」の指導方法・評価等について（報告）」(2016年7月)
・中央教育審議会「幼稚園、小学校、中学校、高等学校及び特別支援学校の学習指導要領等の改善及び必要な方策等について（答申）」(2016年12月)
・文部科学省「小学校学習指導要領（平成29年告示）」(2017年3月)
・文部科学省「小学校学習指導要領解説特別の教科道徳編」(2017年7月)
・中央教育審議会「学習評価の在り方について」(2019年1月)
・文部科学省「小学校、中学校、高等学校及び特別支援学校等における児童生徒の学習評価及び指導要録の改善等について（通知）」(2019年3月)

所見を書く上で
気を付けたいポイント

小川 拓（共栄大学准教授）

■ 「教育効果」を意識すること

通知表の文面で、「よく発言するように
なり、頑張っています」等の文面を見るこ
とがあります。褒め言葉を入れて書かれて
いますが、それだけでは教育効果が薄いで
しょう。学校で行われている活動は、全て
「意図的」「計画的」に行われなければなら
ないからです。そう考えると、通知表も教
育効果がもたらされるように作成・記述し
ていく必要があります。学校によっては、
通知表に「あゆみ」「かがやき」等の名前を
付けているところもありますが、それは教
育効果を高めようとしていることの表れと
も言えます。

それでは、通知表に求められる役割とは
何なのでしょうか。第一に挙げられるのは、
学習意欲等のモチベーションの維持・向上
です。その意味でも、通知表を見た児童や
保護者が「次の学期（学年）も頑張ろう」
などと思うような通知表にしていかなけれ
ばいけません。そうした通知表にすること
で、児童や保護者の信頼も高まります。

通知表は、学期を通しての総括的な評価
です。だからこそ、日々の授業や形成的な
評価をしっかりと積み重ね、通知表や指導
要録などの総括的な評価へと、つなげられ
るようにしていくことが大切です。

通知表の所見については、どのように捉
えていけばよいのでしょうか。端的に言え
ば、一人一人の子供たちへの「具体的な褒
め言葉」を記入するということに尽きると
思います。もしかすると、「この児童には
褒める言葉が見当たらない」と悩まれる先
生もいるかもしれませんが、それは他の児
童と比べているからです。

現在の通知表の評定は「絶対評価」です
から、ある基準ラインを超えていれば、全
ての児童がA評価を取ることができます。
そうした評価基準で所見を考えてしまうと、
能力の低い児童は学習面において優れてい
ることがなく、「書くことがない」というこ
とになってしまいます。しかし、所見を書
く上で、絶対評価的な考え方は向いていま
せん。むしろ「個人内評価」的な考え方を
した方が、一人一人の伸びを褒めて認め、
所見として残すことができます。そのため
には児童一人一人の能力を把握し、個に応
じた指導を行い、本人の言動や成長を前向
きに記述していくことが大切です。そうし
た所見が、児童のやる気をさらに伸ばすこ
とになります。

■ 学習評価の基本は「褒める」

小学校の先生方と話をしていると「評価
は難しい」との声をよく聞きます。確かに、
人が人を評価するのは難しいことですが、
大切なのは普段から実施している教育活動
自体が、評価につながっていると考えるこ
とです。

ある内容を学級で指導したとしましょう。

児童はその内容を身に付けようと、一生懸命取り組みます。よくできる児童について「よくできていますね」と声を掛ければ、それは評価です（評価基準に照らし合わせて）。

一方で、一生懸命取り組んでいてもなかなか成果が出ない児童に対しては、どのような声掛けをしているでしょうか。「ここまでできるようになって、素晴らしいですね」「一生懸命に取り組んでいる様子が立派です」「あと、もう少しですね。ここを工夫するとさらに良くなりますよ」などと声掛けをしていくと思いますが、そうした働き掛け自体も学習評価となり、そのプロセスを通知表の所見として書くこともできます。

これは、形成的評価（一人一人の日々の学力を把握し、次の指導を行うために行われる評価のこと）と呼ばれるもので、単元の評価計画に照らし合わせて行っていきます。児童は、個によって能力が異なります。画一的な一斉指導だけでは一人一人の能力を伸ばすことができません。日々の形成的評価を積み重ねることで、児童はより良く成長していくのです。その様子を記録に残し、児童のより良い側面が表出している部分を選んで、所見に書くことが大切です。褒めるということが、教育評価の一番大切なところなのです。また、褒め言葉とともに、個人の伸びたところを伝えることが、児童や保護者の喜びにつながり、次学期（次学年）への意欲を高めます。

3 ネガティブな側面も、ポジティブな側面から書く

低学年に、たし算の繰り上がりの計算が苦手な児童がいたとしましょう。その際

「○○さんは、たし算の繰り上がりの計算が苦手なようです。家庭でも練習すれば定着するでしょう」と所見に記入しても、児童はやる気が出ません。むしろ、やる気を失ってしまうことでしょう。この記述は、教師自らの指導の責任を家庭に転嫁しているようにも見えます。

では、次のように書けばどうでしょうか。

「たし算の繰り上がりでは、何度も何度もブロックを使いながら練習していました。少しずつではありますが確実に定着しています。○○さんの頑張りをご家庭でも応援してあげてください。」

前述の所見に比べ、児童も保護者もやる気が出るのではないでしょうか。児童ができないことや苦手なことでも、前向きに取り組んでいる様子や進歩している様子を記述すれば、それは褒め言葉に変わります。

担任、授業者であれば、児童一人一人の個性や能力を把握しているはずです。「個に応じた指導➡個別最適な学び」を行っていれば、褒め言葉とともに良い所見文が記述できることでしょう。

4 教科評価と所見との整合性を取る

通知表の作成には、多くの時間と労力を要します。35人学級であれば35人分のデータをそろえ、観点別評価を行い、所見を記していく必要があります。

所見の書き方として、各教科の評価を意識しながら書いていくケースと、意識しないで書いていくケースとがあると思います。

通知表の所見は個人内評価も加味して書くことが多いですから、どちらも間違いではありません。

注意していただきたいのは、「教科評価と所見との整合性」を取ることです。前述した通り、所見は褒め言葉を入れて書くことが多いのですが、その際は「教科評価と所見との整合性」という点で、保護者に誤解を与えないようにする必要があります。

　例えば、算数の観点別評価で「C評価」を付けたとしましょう。その上で、通知表の所見に「計算練習をよく頑張っています。ご家庭でも褒めてあげてください」と記述すると、「頑張っているのに、なぜC評価なのか」と、不信感を与えてしまいかねません。教科評価が「C評価」なのであれば、例えば「○○の計算について練習を重ね、定着しつつあります。宿題なども少しずつですが、行えるようになってきました」のように、整合性のある記述が必要です。多くの家庭が通知表を子供の成長の記録として何十年も保管しているわけで、誤解を生まないように留意することが求められます。

5 「行動の記録」の記録の取り方

　人間の記憶というものは、非常に曖昧なものです。見聞きした時点ではしっかりと覚えていても、時間が経てば忘れてしまいます。20分後には42％を忘れ、1時間後には56％を忘れ、1日後には74％を忘れ、1か月後には79％を忘れます。そうしたことを考えても、「記憶」に頼るのではなく、「記録」をしていくことが重要なのです。

　では、どのように記録を取っていけばよいのでしょうか。

　具体的な手法の一つとして、学級のノートを1冊作ってみてはいかがでしょうか。1人につき1ページのノートです。35人学級であれば、35ページのノートとなります。

　ノートの1ページを半分に折り、左側にはその児童の特徴的な出来事を短く記述していきます。「○月○日：けがをした1年生を保健室に連れて行く」「○月○日：掲示物の手伝い」「○月○日：花の水替え」といった具合にです。係活動などとは別に、自主的に行ったことを書いていくとよいでしょう。

　前述したような、学習面での取組や成長も、併せて記録に残していきましょう。また、問題行動等の内容も、日付とともに記録しておきます。

　一方、ページの右側には保護者とのやりとりを記録していきます。そのノートを見ながら面談や電話連絡を行い、記録を残しておくと、後で有効に活用することができます。そうした記録を残しておけば、次の面談や電話連絡を行った際に、「前回、お母さんが心配されていた○○の件、その後いかがでしょうか？」等と話すこともできます。私自身、そうした話をよくしていましたが、多くの保護者が「先生、よく覚えていらっしゃいますね」と、話されていたのを覚えています。

　学期の終わりには、このノートを見ながら通知表の所見を書いていくと、より具体的な内容を記述することができます。

6 評価記号で差をつける

　各教科評価の記号を作り、所見に結び付けるのも有効です。学習後、評価を行う際に「A」「B」「C」の記号をつけていくと思います。その際、評価基準に照らし合わせて「A」評価をつけたものの、後で振り返った際に具体的にどこが良くて評価を付けたのかが分からなくなることが少なくありません。そうしたことを防ぐために、記

載方法を工夫しておくことをお勧めします。

　例えば、各教科領域の表現活動として発表をさせることがあるでしょう。「A」評価の児童の場合、何が良かったかを次の図のように「A」の周りに記していくのです。

評価記号の例

　図内の「T」は「正しさ」、「K」は「声の大きさ」、「H」は「表現の豊かさ」を表しています。あるいは「S」として発表の「速さ（スピード）」や「テンポ」等を記載することもできます。児童が一人ずつ発表しているときは、授業者も余裕がありますから、名表の「A」の周りに記号を書いていくことができることでしょう。

　こうして記述しておけば、児童は評価基準に照らし合わせて行った学習評価において「A評価」であり、「正しさ」「声の大きさ」「表現の豊かさ」が優れていたことが分かります。これを、通知表の所見用に文章にすればよいのです。

7 通知表の所見は多くの目で

　児童の行動の中には、良い行いもあれば良くない行いもあります。良くない行いについては当然、指導を重ねて改善していく必要があります。良い行いについては、通知表の所見に記入することが可能です。

　とはいえ、子供たちは担任が知らない場所でも、様々な活動をしています。そうした行いについては、どうすればよいのでしょうか。

　よく行われているのが、「子供の良さ発見カード」です。このカードを職員室に置き、子供たちの良い行いを見つけた場合に記入して、担任の先生に渡します。

　学級担任は、クラスの児童に対し「Aさんはこのような子だから、きっとこうに違いない」と固定観念で見てしまうことが少なくありません。でも、複数の教師の視点で子供たちを観察すれば、児童の新たな一面を発見することもできます。児童からすれば「自分のこんなことも知ってくれているのか」とうれしく思うとともに、教師への信頼度も向上するでしょう。また、報告をしてくれた教師にも感謝するに違いありません。

　また、学級活動の中でワークシートに書かせて発表し合う活動（グループで行ってもよい）、帰りの会等で「今日のMVP」として良かった行いを発表する活動なども有効です。

　そうした取組は、所見の材料にすることもできます。記録は、前述した学級のノートに書いていきましょう。個人面談等の際にも役に立ちます。また、児童に書かせた「となりの子の良いところ」（各学期末に行うとよい）のワークシートも、保管しておくことで、通知表の所見の材料にすることができます。こうした活動を行えば、児童同士の関係も良くなり、学級の雰囲気も明るく優しい感じになっていきます。

　本書では、読者の皆さんと同じように現場で指導している先生方が、学習指導要領の方針を踏まえつつ、ご自分の経験や指導も基にしながら執筆した文例をたくさん掲載しています。皆さんが児童の実態に合わせて所見を書く時、どのように表現してよいか困った時などに、ぜひ参考にしてください。同じ内容でも言い回しや表現の仕方をより良くすることによって、児童や保護者に与える印象は大きく変わります。

通知表・指導要録の「総合所見」で使える文例

●

この PART では、通知表や指導要録の「総合所見」で使える文例を紹介します。20〜63ページの行動特性に関わる文例から1文例、64〜100ページの学習面の特性に関わる文例から 1 文例を組み合わせる形でご活用ください。

CONTENTS

1	「ポジティブな行動特性」に関わる文例	20〜52P	} ここから1文例（71〜90字）
2	「ネガティブな行動特性」に関わる文例	53〜63P	
			＋
3	「学習面の特性」に関わる文例	64〜100P	} ここから1文例（71〜90字）

142〜180 字程度の所見文が完成

（1）「基本的な生活習慣」が身に付いている児童の所見文

**主な
行動特性**

あいさつができる／授業の準備ができる／片付けができる／宿題を忘れない／着席ができる／決まりを守る／丁寧な言葉遣い／整理整頓ができる／ルールやマナーを守れる／忘れ物をしない／手洗い・うがいをする／礼儀作法を守れる／姿勢が良い／物を大切にする

朝、教室に入って来たとき、自分から**あいさつ**をすることができています。お友達にもすすんであいさつをするので、教室がさわやかな雰囲気に包まれました。

朝と帰りのあいさつをしっかりと行うことができます。**朝の会**のあいさつは学級全体が明るくなるような大きな声を、**帰りの会**のあいさつは明日が楽しみになるような元気な声を聴かせてくれます。

毎朝、元気の良い**あいさつ**が教室中に響き渡っています。○○さんのあいさつは、いつもみんなを明るくしてくれます。ハキハキとした**返事**もとても立派で、みんなのお手本になっています。

毎朝**登校**すると、ランドセルを素早く**片付け**、宿題を忘れずに出すことができています。**朝の読書**でも**読書**に集中ができており、時間を有効に使うことができています。

休み時間の間に次の**授業の準備**をして待つことができています。チャイムは**着席**して聞くことができています。次の用意をし、時間を守れているので、落ち着いて学校生活を過ごせています。

自主的に学校の決まりを守ろうとする姿勢が見られました。5月の生活目標である「廊下は走らない」という約束も、しっかりと守って行動することができています。

名前を呼ばれると、「はい」と大きくはっきりとした声で**返事**をしています。また、「〜です」「〜ます」など、正しく丁寧な**言葉遣い**が身に付いています。

身の回りの**整理整頓**ができています。ロッカーや引き出しの中、机の上などは、いつもきれいに整えられています。給食着や体育着などを丁寧にたたんで袋に入れています。

チャイムを意識して生活することができます。いつもチャイムの音を聞くと姿勢を正し、日直の号令がかかるのを待っています。時間を意識して行動している姿に感心しています。

朝の会で1日の流れをしっかり聞いており、**授業**前の**休み時間中**に、次の時間の**学習の準備**をすることができます。そのため、授業の始まりも落ち着いた態度で臨むことができています。

小学校の決まりをいち早く覚え、ルールを守って生活することができました。廊下を走っている友達にも、走るとぶつかる可能性があり、危ないことを**注意**する姿が見られました。

外遊びの後や**給食**の前には、声を掛けなくても**手洗い・うがい**をすることができます。家庭での良い習慣が学校でも身に付いていることが分かります。いつも意識できていることが素晴らしいです。

給食の時間がとても楽しみなようです。いつも好き嫌いなく、たくさん食べているので、学校では元気いっぱいです。給食の時間を通して、バランスの良い食事を摂ることができました。

常に机の中やロッカーの中が**整頓**されており、周りの友達の良き手本となっています。図工の工作の時間には、自分の道具を率先して**片付ける**姿が見られるなど、感心しました。

手洗い・うがいや消毒など、感染症対策を意識して生活することができました。ハンカチやティッシュをはじめ、学校生活に必要な物を忘れることもありませんでした。

給食の時間では、早く食べ終わったときに、全員で「ごちそうさまでした」を言う前に、自分から言うことができます。**感謝**の気持ちや**礼儀作法**を日常生活で身に付けていると感じています。

友達の**整理整頓**の仕方を手本にしながら、自分で工夫して**整理**しています。特に道具箱の中は使いやすいように工夫されていて、使いたいものがすぐに取り出せるため、感心しています。

机やロッカーの中がいつもきちんと**整理**されています。特に道具箱の中は使いやすいように工夫して整理されており、すぐに使いたいものが取り出せるため、感心しています。

いつも**笑顔**を絶やさず、明るく元気に学校生活を送っています。**言葉遣い**も丁寧で、とても感心しています。温和で穏やかな性格がその言葉遣いに表れています。

ティッシュやハンカチを忘れることなく**登校**することができました。いつも身に付けて過ごしているため、手を洗ったり、**給食**をこぼしてしまったりしたときにはすぐに使うことができます。

学期を通じて忘れ物がほとんどありません。タブレット端末に記録した連絡帳をよく見て忘れ物がないかの確認ができている証拠で、今後も丁寧に準備をする習慣を大切にしてほしいと思います。

授業中の話の聞き方がとても上手です。聞き方名人のポイントを守って、話している人の目を見て良い姿勢で話が聞けています。いつもクラスの手本となっています。

基本的な生活習慣がしっかりと身に付いていて、入学当初から自分のことは自分でできています。分からないことがある際には、「教えてください」と丁寧な**言葉遣い**で聞けるのも立派です。

人に言われなくても、**休み時間**の間に次の時間の準備がしっかりとできる○○さんです。いつも気持ち良く学習をスタートすることができるので、**授業**にも集中していて感心しています。

給食の時間は、好き嫌いなくマナーを守ってきれいに食べることができます。**給食当番**の際には、給食調理員さんに「ごちそうさまでした」と**感謝**の気持ちを表すこともできています。

毎朝教室に入る際に「おはようございます」と元気な声であいさつができ、クラスの良い手本となっています。下駄箱の靴も、いつもかかとをそろえて入れていて感心します。

休み時間の過ごし方を理解し、教師に言われなくても次の時間の学習の準備をすることができました。外遊びに行く際も「○時○分までだね」と時計を確認していて感心しました。

学校生活に慣れ、元気な声ではっきりと返事をすることができます。学習の基本である姿勢良く話を聞くということが身に付いていて、授業中もたくさん発言します。

ハンカチやティッシュなど、生活に必要な身の回りの物を忘れずに持ってきたり、学習に必要な鉛筆や消しゴムを忘れることなくそろえるなどして、学校生活に臨むことができました。

あいさつや返事を大きな声でするだけでなく、次の時間の学習の準備や整理整頓などの基本的生活習慣が身に付いています。着替えの際は、体育着をきれいにたたんでしまうこともできます。

身の回りの整理整頓をする習慣が身に付いていて、道具箱の中はいつも整っています。着替えの際に必ず服をたたむ姿からも、基本的生活習慣が身に付いていることが分かります。

整頓タイムの時間に、机の中の整理整頓に一生懸命取り組みました。常に学習用具を使いやすいように工夫することで、さまざまな活動にスムーズに取り掛かることができました。

「おはようございます！」とハキハキと元気にあいさつができ、先生に質問をするときは「○○ですか？」と、丁寧な言葉遣いができます。○○さんのおかげでクラスの雰囲気が良くなります。

いつでも明るくさわやかなあいさつを行い、学級の友達の手本となりました。すすんであいさつする姿勢がとても立派ですので、今後も継続できることを期待しています。

忘れずに名札をつけたり、外へ出るときには帽子を被ったりと、自分の身の回りのことを自分でできるようになってきています。基本的生活習慣の確立がされている様子がうかがえます。

「相手の目を見て」「元気に」「自分から」を合言葉に、毎日気持ちの良い**あいさつ**をしています。友達からも認められ、クラスのあいさつマスターになることができました。

朝や帰りのあいさつだけでなく、提出物を出す際には「お願いします」と大きな声で声掛けをすることができます。○○さんのおかげでクラス全体に気持ちの良いあいさつが広がっています。

休み時間になると学習に使っていた道具を**片付け**、先生に声を掛けられる前に自ら次の**授業**で必要なものを用意しています。先を見通す力があり、学習に向かう姿勢がとても素晴らしいです。

身の回りの**整理整頓**に気を付けて過ごしており、はさみやのりなどを決まった場所に戻すことが習慣化されています。○○さんのお道具箱の中はクラスの手本になっています。

体操服や**給食**エプロンなどの**着替え**が素早くできました。タブレット端末を使うときも丁寧に活動できました。物を大切にする姿勢が、すべての学習の学ぶ意欲につながっています。

友達や先生への**言葉遣い**も丁寧で、誰にでも穏やかに接することができています。日常生活における**あいさつ**もはっきりした声で気持ちを込めてすることができました。

机の中がいつも**整理整頓**され、物を大切に使うことができています。自分のタブレット端末も大切に使用し、落ち着いて学習に取り組む姿勢や態度が身に付いています。

毎朝、元気な**あいさつ**ができ、気持ちの良い一日がスタートできています。相手の目をしっかり見て、大きな声であいさつができ、学級の手本となりました。

1 「ポジティブな行動特性」に関わる文例
（2）「健康・体力の向上」が見られる児童の所見文

主な行動特性

好き嫌いをしない／給食を残さない／欠席をしない／手洗い・うがいをする／歯磨きをする／早寝・早起き／虫歯がない／運動が好き／外遊びをする／体力がある／いつも清潔にしている

給食では、苦手なものも頑張って食べることができました。苦手な食べ物を食べる量が増えて、最近は**完食**できるようになりました。好き嫌いせずに食べられるようになって何よりです。

自分が苦手な食べ物について知り、食べられる量を考えて配膳してもらうことで**給食を完食**することが多くなりました。まだ学校に慣れない中でも、元気良く生活することができています。

休み時間は**鬼ごっこ**などをして外で元気良く遊ぶことができました。友達と一緒に外で遊ぶので、クラスの友達が自然と増えて、仲良くなることができました。

休み時間には友達と元気いっぱい校庭で遊ぶ姿が見られます。校庭から戻ってきたときには、**手洗い・うがいも**忘れず行い、一緒に遊んでいた友達が○○さんにつられて、手を洗う姿も見られました。

給食の後の**歯磨き**に積極的に取り組んでいます。養護教諭の歯磨き指導の内容をよく覚えており、音楽に合わせて順序通りに隅々まで磨いています。そのため、歯科検診では虫歯ゼロでした。

いつもポケットにはハンカチとティッシュを入れ、爪は短く切るなど、衛生面に気を付けて生活することができています。**手洗い・うがいも、**指示される前から実践できています。

小学校に入学してから毎日、**早寝・早起き**をしていることを伝えてくれました。その成果か、朝から元気いっぱいに活動することができています。周りにも良い影響を与えてくれています。

休み時間には、クラスの友達を誘って校庭で元気に**サッカー**をする姿がよく見られます。ボールの扱いがうまく、シュートも確実に決めるので、周りの友達からも称賛されていました。

給食では、毎日残さず食べることができています。野菜も肉も好き嫌いせずに食べるので、いつも元気に過ごすことができています。今学期の欠席がゼロなのも、その成果の表われでしょう。

給食の時間をいつも楽しみにしていて、その日のメニューを教えてくれます。野菜も好き嫌いなく食べることができ、残さずしっかり**完食**する○○さんはいつも元気いっぱいです。

給食は落ち着いてよく噛んで食べ、食後には必ず**歯磨き**を行っています。養護教諭に教わった磨き方を正しく実践し、磨き残しなく、丁寧に磨くことができています。

学校生活にも慣れてきたようです。**休み時間**は、毎日外で元気良く遊んでいて、生き生きとした姿を見ることができます。体力が付いてきたため、休むことなく**登校**することができました。

体育で学習した**なわとび**に興味をもち、**休み時間**に友達となわとびの練習をしていました。友達と練習をたくさんしたので、なわを上手に跳べるようになってきました。

休み時間は、みんなでいろいろな遊びをして楽しそうに過ごしています。体を動かすことが大好きで、いつも休み時間を楽しみにしています。一緒に**外遊び**をするととてもうれしそうにしてくれます。

持久走大会に向けて、**休み時間**にも友達と元気良く校庭を走る姿が見られました。めあてをもって運動することの大切さを理解し、達成に向けて頑張っていました。

外遊びが大好きで、雨の続く日は外に出たくて仕方がないようです。毎日元気に運動場を走り回ることで、体を鍛えることができました。日頃の運動の成果が**運動会**の徒競走でも表れました。

休み時間には、友達と鬼ごっこをして楽しそうに遊んでいます。運動が本当に好きで、どんなに暑い日でも、外で汗をたくさんかきながら元気いっぱいに走り回っています。

朝マラソンの時間には、自分で立てた「毎日○周走る！」という目標を意識し、誰よりも先に校庭に出て走っています。目標に向かって毎日コツコツと努力する姿は立派です。

○学期は大なわとびに積極的にチャレンジしました。6年生に教わり、八の字跳びに挑戦してリズム良く跳べるようになりました。回し手もすすんで引き受ける姿を頼もしく感じました。

朝の体育集会のときには、体操着に着替えて脱いだ服を素早くきれいにたたんでいました。入学して半年が経ちましたが、自分でできることがどんどん増えてきています。

朝の運動の時間に、校庭を走る回数が増えてきました。始めた当初は、走ることに少し抵抗があったようですが、免疫力を高めようと今では楽しく走っていて体力も付いてきています。

休み時間になると、友達を誘って校庭で元気に遊ぶ姿が見受けられます。鬼ごっこ、遊具やボールを使用した遊びなど、さまざまな遊びにチャレンジすることができました。

給食を完食することが多くなりました。休み時間には必ず校庭に行き、鬼ごっこやサッカーを楽しんでいます。まだ学校に慣れない中でも、元気良く生活することができています。

朝マラソンにすすんで取り組んでいます。マラソンカードも忘れずに塗り、「今日は3マス進んだよ」とうれしそうに教えてくれます。友達と励まし合いながら、目標に向かって進む姿に感心します。

運動会では、表現運動に意欲的に取り組み、休み時間も元気いっぱいにダンスをする姿が見られました。いつも楽しそうに踊る○○さんのやる気がクラスの皆にも伝わっています。

朝の「ガンバリタイム」では、時間ギリギリの最後まで、一生懸命走り続けていました。そのおかげで、学校生活を元気いっぱいに、休むことなく送ることができました。

目標に向けて頑張ることのできる○○さんです。**休み時間になわとび**の練習に粘り強く取り組んだことで跳べる回数が増え、うれしそうに教えてくれた姿が印象的です。

歯磨きの仕方や6歳臼歯の大切さを学習し、**給食後の歯磨き**を丁寧にすることができています。健康な生活のためにできることをすすんで行う姿は、クラスの手本となっています。

暑い日も、外で元気よく**鬼ごっこ**などをして遊んでいました。熱中症が心配される場面では自らマスクを外すなど、体調管理にも気を付けることができました。

登校後は、素早く準備を終えて外に出て体を動かすことができています。**休み時間**にも、友達を誘って**鬼ごっこ**をしたり、**サッカー**をしたりと元気に遊ぶ姿が見られます。

感染症を予防するために、**給食**の前や**掃除**の後に、すすんで**手洗い・うがい**をすることが習慣化されています。そのため、毎日を元気いっぱいに生活することができました。

いつでもハンカチ・ミニタオルを携行し、手洗いが終わった後に丁寧に拭いていました。常に清潔にする姿勢が身の回りだけでなく、机の中やロッカーの**整理整頓**にも表れていました。

寒い日でも、外で元気いっぱいに体を動かしています。他の学年の友達と**鬼ごっこ**をしたり、遊具を使ったりして、体力をつけることができています。4月当初より体の使い方が上手になりました。

ハンカチ・ティッシュを毎日忘れずに持ってきています。**外遊び**から帰ってきたときや**給食**の前には欠かさず**手洗い・うがい**をし、病気にかからず健康に過ごそうという気持ちが行動に現れています。

体育の授業で行った種目を**休み時間**にも練習している姿が見られました。始めは手が痛くて落ちてしまうことが多かった**うんてい**でも、練習を重ねて半分まで進むことができるようになりました。

暑い日でも**休み時間**になると外へ行き、友達と目いっぱい体を動かしています。汗をたくさんかいて教室に戻ってくると、言われなくてもタオルで汗を拭いたり忘れずに水分補給をしたりしています。

登校してすぐに**朝の準備**を済ませ、「外に行ってきます」と元気に**外遊び**をしています。汗だくになるほど体を動かし、運動を終えた後には自分から水分をとるように心掛けています。

外遊びから帰ってきたときや**給食**の前には欠かさず**手洗い・うがい**をしています。寒さや暑さを感じたときに、自分で上着を羽織ったり、脱いだりして**体温調整**をしている姿も見られました。

体を動かすことが大好きで、**休み時間**はいつも友達と一緒に外で遊んでいました。体力も付き、**給食**も残さず食べて、病気をせずに毎日元気に**登校**することができました。

給食の時間では、苦手な野菜を一口でも食べようと頑張りました。苦手な食べ物にチャレンジをすることで、病気に負けない元気な体をつくることができました。

登校後、手洗い・うがいをすすんで行えていました。学級のみんなの健康にも気を配り、換気を手伝ってくれました。毎日、元気に過ごすことができ、欠席は１日もありませんでした。

朝早く**登校**し、すぐに友達と外で**鬼ごっこ**や**かくれんぼ**などをして遊んでいました。元気良く走り回って体力をつけることができ、欠席は１日もありませんでした。

休み時間には、元気いっぱい外で遊ぶことができました。教室に戻ってきたときは、**手洗い・うがい**を必ずして、感染症対策を心掛け、病気にならないように気を付けて生活することができました。

1 「ポジティブな行動特性」に関わる文例
（3）「自主・自律」を意識した行動ができる 児童の所見文

主な
行動特性

すすんで学習する／素早く仕度する／考えて行動する／水やりを忘れない／自分のことは自分でやる／前向き／諦めない／粘り強い／最後までやり通す／自分の役割を果たす／先を見通して行動する／目標をもつ／自分で判断できる

掃除の時間は決められた担当の掃除が終わった後、自分にできることはないか考え、別の場所の掃除をする姿を見かけました。友達と連携・協力しながら、掃除に取り組めています。

漢字学習などの課題が終わると、指示がなくても国語の教科書を読むなど、すすんで学習に取り組むことができました。分からないことは担任に相談して解決することもできています。

休み時間に外で遊んでいて雨が降ってきたときに、まだ遊びたい気持ちを抑え、校舎内に入るようみんなに声を掛けていた○○さんに、とても感心しました。

良くないことは「良くない」と、自分の考えや意見を臆せず言うことができます。授業中も、学級が騒がしくなったときには、静かに話を聞くように注意する姿が見られました。

鉄棒の逆上がりができるようになるという目標を立て、自主的に休み時間に練習をしていました。努力が実って目標が達成でき、友達に称賛されてうれしそうでした。

いつも指示をしっかりと聞き、「自分のことは自分でやろう」という姿勢が見られます。今では朝の支度や給食の準備など、指示を出す前に自分から動いており、周りの良い手本となっています。

本が好きで、すすんで読書をしています。読書カードの貸し出し履歴をいっぱいにするという目標を立て、図書室を利用して本をたくさん借りています。読書冊数は学級で一番です。

「自分のことは自分でやる」という信念をもって行動することができています。**着替え**のときにも、やや大変そうでしたが、最後まで自分で着替えをしようとする姿が見られました。

学期の最初に立てた目標を意識しながら生活ができました。目標に向かって努力し続ける姿はとても立派です。○学期も目標をもち、充実した学校生活を送ってくれることを期待しています。

正義感が強く、困っている友達がいると、「大丈夫？」と声を掛ける場面が見られました。また、雨の日に校庭で遊んでいる友達に**注意**する姿も見られるなど、感心しました。

自分が良いと思うことをすすんですることができます。落とし物の持ち主を探したり、朝顔の**水やり**を忘れている友達の鉢に水をあげていたりする姿に感心しました。

毎朝**登校**するとランドセルから荷物を出し、素早く仕度を済ませています。次に何をしなければならないのか、指示を待つのではなく、自分で考えて行動することができます。

友達がしてはいけないことをしている姿を見かけたときには、きちんと**注意**することができます。さらに、相手の気持ちも考えながら注意を促すなど、**言葉遣い**に思いやりがあふれています。

自分がやりたいことを見つけ、すすんで取り組むことができます。自分で考えて行動する姿勢は、学習の場面でも見られ、めあてを意識しながら取り組む姿が印象的でした。

何事にもすすんで取り組み、最後までやり通すことができます。思い通りにならないことがあっても、どうすればうまくいくのかをよく考え、前向きに活動に取り組むことができました。

よく話を聞き、自分で考えながら行動することができるため、初めての活動にも戸惑うことなく取り組むことができました。そのため、小学校の生活にも早く慣れることができました。

話をよく聞き、よく考えてから行動することができます。活動を進めている中でうまくいかないことがあっても、諦めることなく粘り強く取り組んでいました。

机の中やロッカーがいつもきちんと**整理整頓**されています。友達の**整頓**の仕方を真似しながら、自分が使いやすい形で**整理**をしています。今後も続けてほしい習慣です。

休み時間に予鈴が鳴ると、どんなに盛り上がっていても「もうおしまいにしよう」とみんなに**笑顔**で声を掛けることができます。切り替え上手で、友達からの信頼も厚く感心します。

係活動では主体的・意欲的に活動しています。友達の仕事の**手伝い**もすすんで行い、みんなと協力して学級のためにと頑張っていました。1年生になった実感を伴って生活を送っています。

掃除の仕方にも慣れ、時間内に上手に掃除ができています。自分の仕事が早く終わったときには、汚れている場所を見つけたり、終わっていない友達を手伝ったり、自分で考えて行動できています。

教室のごみ拾いや机の**整理**などを自分で考え、すすんで行動することができています。時間を守ることも意識し、自分だけでなく他の児童にも積極的に声掛けをしています。

課題が終わると、タブレット端末で自主学習に取り組んだり、**読書**をしたり、終わっていない課題に取り組んだり、自ら判断・行動する力が身に付いています。時間を有効に使い、力を伸ばしています。

次の時間の**学習の準備**をいつもしっかりしていて感心します。音楽の前には**鍵盤ハーモニカ**も忘れずに用意できます。先を見通して行動できる力が身に付いています。

掃除の時間には、教室のごみ箱が一杯になっていると、気付いて「ごみ捨てに行ってきます」と自主的に動いてくれました。○○さんの行動のおかげで、みんなが気持ち良く過ごせています。

給食当番の際、ストローがなくなっていることに気付き、給食室に補充しにいくことがありました。どうしたらいいか考えて、自ら行動に移すことができるのは素晴らしいことです。

正しいことを判断し、周りに流されることなく、自分の考えをはっきりと伝えることができます。どんなことにも目標をもち、それに向けて頑張る姿から○○さんのやる気が伝わってきます。

教室移動の際、廊下を並んで静かに歩き、他のクラスに迷惑をかけないよう努めていました。周囲の状況などをよく考え、話をしてもいいかどうか、自分なりに判断をしていました。

朝顔の水やりや当番の仕事をすすんで行い、最後までしっかりとやり遂げる○○さんの姿は、クラスの手本となっています。最後までやり切る力は素晴らしいものがあります。

誕生日係として、毎月誕生日の友達に心を込めて折り紙のプレゼントを作っていました。活動の予定を考え、毎月欠かさずに誕生日の友達を紹介することができました。

一人一役の当番活動では、友達と協力しながら最後まで取り組むことができました。毎日変わる当番活動を忘れずに行い、クラスの良き手本となっていました。

約束や決まりをしっかりと守る姿が見られました。特に学級活動で行った「雨の日のあそびかたをかんがえよう」では、安全に過ごすための考えを発言し、それを守ることができていました。

学習の準備や体育の着替えなど、自分で行うべきことを自分の力で行うことができました。また、やるべきことが終わった後は友達の手助けもできていて、とても立派でした。

学習も運動も、何事も最後まで諦めずに取り組むことができました。学習面では、発展問題を最後までやり切ったことで自信がついた様子で、満足した笑顔を見せていました。

学習や**当番活動**など何事にも手を抜かず、丁寧にやり抜くことができます。入学当初は、保育園との違いに少し戸惑っていた様子が見られましたが、今では友達と**外遊び**などを楽しんでいます。

掃除のときに床が濡れているところを見つけると、率先して雑巾で拭いてくれます。自らクラスのためになることをすすんで行ってくれる○○さんは、友達からも信頼されています。

「次の**授業**は○○だ！」と自分で時間割を確認し、教科書やノートを机上に用意することができます。時計で残りの時間を確認しながら、トイレに行ったり、**着席**をしたりすることもできます。

やってもよいこととよくないことを自分で考えて、行動することができました。正しいと思ったことは、友達にもすすんで声を掛け、仲間と協力しながらより良い学級をつくることができました。

先生の指示をよく聞き、やるべきことをてきぱきとやり遂げます。その後で、「手伝うことはありますか？」とよく声を掛けてくれるのでいつも助かっています。

自分のやるべきことを素早く終わらせて、学級のためにできることはないか自分なりに考えて行動できました。その姿が手本となり、仲間と協力してより良い学級づくりが実現できました。

分からないことをタブレット端末を活用して積極的に調べたことが自信になり、何事も最後までやり遂げようとする姿が見られました。**掃除**も、自らすすんで取り組むことができました。

何事にも前向きにチャレンジして、タブレット端末も自らすすんで活用する姿が見られました。自分の分からないことはそのままにしないという目標を立て、達成することができました。

教室や廊下に落し物があったとき、率先して拾って名前を確認し、持ち主のところに届けてくれたことがあります。見て見ぬふりをせず、良いと思うことを行動するところが立派です。

1 「ポジティブな行動特性」に関わる文例
（4）「責任感」を伴った行動ができる 児童の所見文

主な行動特性

黙々と取り組む／約束を守る／最後まで取り組む／物を大切にする／自分の役割を意識／テキパキこなす／真面目に取り組む／友達を手伝う／周囲から信頼されている／一生懸命取り組む

掃除の時間には、自分の担当である水拭きの仕事に黙々と取り組む姿が見られました。おかげで○○さんが拭いた部分はいつもピカピカで、とても気持ちが良いものがあります。

遠足では、班長として大活躍でした。同じ班の友達の人数をしっかり報告するだけでなく、バスの中で気分が悪くなった子に優しく声を掛けてあげるなど、リーダーとしての素質が見られました。

保育園との交流では、友達と相談して学校の様子を分かりやすく教えようと意欲的に**発表**しました。園児の手をしっかり握って「廊下は右側を歩くんだよ」と優しく教えてくれていました。

電気当番のときには、電気の消し忘れが全くありませんでした。自分が電気当番でないときにも「省エネしよう」と言って、点いていた電気を消してくれようとする姿に感心しました。

友達と約束したことはきちんと守ります。**休み時間**に「遊ぼう」と声を掛けられても、先に約束していた友達との遊びを優先するように伝える姿が見られました。

次の**授業の準備**ができてから遊びに行くなど、やるべきことをきちんと最後までできています。そのため、**授業**の開始時間には、落ち着いた状態で臨むことができます。

給食係のリーダーとして、**給食**の時間になると誰よりも先に白衣に着替え、当番の友達に並ぶように声を掛けていました。自分の役割を常に意識し、すすんで取り組む姿はクラスの手本となりました。

学校生活に慣れ、**給食当番**や**掃除当番**の仕事では、自分の担当をしっかりと行うことができました。友達にも声を掛けて一緒に仕事をする姿は頼もしいものがありました。

図書室で本を借りたときには、すぐに手提げ袋にしまい、読むときも1ページ1ページを丁寧にめくりながら読んでいました。借りた本を大切に扱おうとする姿が立派です。

意欲的に**当番活動**を行うことができました。**給食当番**や**配り当番**の仕事を理解して、自分の役割を果たすことができました。決められた仕事を欠かさず行う責任感があります。

「朝顔の**水やりを毎日する**」と決め、毎朝**登校**すると真っ先に水やりをしていました。その結果、誰よりもたくさんの花を咲かせることができ、学級の友達からも称賛されていました。

幼稚園児との交流では、学校の様子を分かりやすく教えようと積極的に**発表**しました。学校案内のとき、園児の手をしっかり握って「廊下は右側を歩くんだよ」と優しく教えることができました。

下校班で班長のときには、真っ先に校庭に出てみんなに声を掛ける姿が見られます。当番表を手に大きな声で点呼をし、スムーズに仲良く下校できるようにするなど、安心して班長さんを任せられます。

窓当番の仕事を毎朝忘れずに行ってくれるので、クラスのみんなが気持ちの良いスタートを切ることができます。自分の仕事は、責任をもって最後までやり遂げるなど、責任感があります。

友達と行う**日直**をとても楽しみにしています。黒板を消す仕事や号令をかける仕事も、責任をもってやり遂げることができます。友達にも声を掛け、仲良く楽しそうに仕事をする姿が素敵です。

生き物係として、メダカの**餌やり**を毎日欠かすことなく、丁寧に行っていました。メダカが卵を付けたときは誰よりも早く気付き、孵化した後もそのお世話を責任もって行うことができました。

「静かに並んでください」と**教室移動**の際には必ず声を掛けるなど、**当番**の役割を果たしています。どんなことにも真面目に取り組み、学習面でも運動面でも力が付いてきています。

掃除の時間になるとすぐに、自分の仕事に取り掛かります。自分が担当する場所を隅々まできれいに拭き上げ、雑巾が真っ黒になるまで一所懸命に取り組んでくれました。

○学期は黒板当番を担当しました。**授業**が終わると「黒板消してもいいですか？」と自分から仕事を見つけ、取り組むことができました。責任をもって自分の仕事に取り組む姿勢が立派です。

○学期は**配り当番**を担当しました。配りボックスに音読カードやドリルがたまっているのを見つけると、いち早く仕事に取り掛かり、友達にも声を掛ける等、責任をもって取り組んでいました。

今学期は、健康観察簿を運ぶ**当番**を担当しました。朝の支度が終わるとすぐに健康観察簿を取りに行ってくれるので、**朝の会**をスムーズに行えます。○○さんの仕事ぶりは周囲からも信頼されています。

責任感が強く、自分の仕事は最後までしっかり行うことができます。**当番**の仕事を忘れずに行うだけでなく、気が付くと友達の仕事の**手伝い**をする姿も見られ、クラスの模範となっています。

何事にも真剣に一生懸命、諦めずに取り組むことができました。特に**係活動**では、学級のために粘り強く取り組む姿が見られました。仲間に努力することの良さを伝え、学級の手本となりました。

日直当番の仕事では、自分がやるべきことを確認し、はりきって**朝の会**や帰りの会を進めることができました。自分にできることを責任をもってやりきる姿は、学級の手本となりました。

生き物係として、えさやりなどに毎日忘れず取り組みました。元気がなくなった生き物を見つけ、飼育方法をタブレット端末で調べ、調べたことを参考しながら最後まで世話をする姿が見られました。

1 「ポジティブな行動特性」に関わる文例
（5）「創意工夫」を凝らした活動ができる児童の所見文

掲示物を工夫する／友達に提案する／遊び方を工夫する／考えて行動する／メモを取る／工夫して伝える／工夫して活動する／クラスを良くしようとする／柔軟性がある／アイデアを出す／みんなを楽しませる

教室の掲示物に上手に色を塗って、クラスのみんなのために楽しい雰囲気をつくりだしました。みんなで**休み時間**に遊ぶことを提案し、周囲に積極的に声掛けをしていました。

休み時間は、友達と楽しく遊べるように遊び方を工夫することができています。その姿を見て、友達も工夫をするようになりました。そうした姿にいつも感心しています。

掃除の時間に6年生に教わった道具の使い方を実践して、友達に優しく教えていました。普段から自分のことだけでなく、友達もよく見て助けられることはないかと考えている様子がうかがえます。

人のアドバイスをよく聞き、取り入れる素直さがあるので、引き出しがどんどん増えています。他教科で習ったことを別の教科で生かす柔軟さが光っていて、クラスの手本となっています。

給食当番のときは、素早く盛り付けをするためにはどうしたらよいかを考えていました。お皿を置く場所や役割分担などを工夫し、友達に提案しながら実行していました。

デコレーション係の活動で、図工で学習した切り紙を活かして教室を飾る姿が印象的です。クラスのみんなに好きな色を聞いてその色を使うなど、クラスをより良くするという意識が育っています。

掃除の時間に、6年生に教わった道具の使い方を友達に優しく教えている姿が見られました。普段から友達を助けられることはないかと考えている様子がうかがえます。

タブレット端末の操作に慣れ、上手に使いこなしています。**授業の振り返り**をする場面では、言葉だけでなく絵や写真も挿入し、見やすく伝える工夫をして、クラスの手本となりました。

飾りつけ係として、クラスの友達が学校生活を楽しく過ごせるよう工夫して活動に取り組みました。カラフルな画用紙を使ったり、色鉛筆や絵の具を使ったりして明るく飾りつけしました。

掃除の時間には、楽しく素早く掃除する方法を考え、友達に提案していました。廊下の掃除では、床を拭く場所を分担し、自分の担当場所をきれいにする方法を思いつき、実行していました。

言われたことをただ行うのではなく、どのようにしたら効率良く進められるのか、よく考えて行動しています。「こうすると早くできる」「もっと上手にやるには」と、いつも提案しています。

6年生を送る会の準備では、大好きな6年生がどうしたら喜ぶかを考え、アイデアをたくさん出すことができました。6年生のことを思いながら色や形を考えて工夫している姿が印象的でした。

係活動では、**飾りつけ係**として、教室の掲示を担当しました。イベントがあるとそれに合った掲示物を**折り紙**や色画用紙を使って作り、友達を楽しませていました。

体育の「**マット遊び**」では、転がるマット遊びの動きをもとに、自分で考えた遊びに名前を付けて友達と遊ぶことができました。友達が考えた遊びにも挑戦し、楽しむ姿が見られました。

学級会では、提案理由に沿って自分の考えを**発表**することができます。「1学期がんばったね集会をしよう」の議題では、みんなの頑張ったことが分かる工夫を考えて発表することができました。

学習をするときに、筆箱や教科書が机から落ちないように考えて置くことができています。「今、使わないものは端っこに重ねて置くといいよ」とクラスに提案してくれました。

休み時間に折り紙遊びをしていた際、折り方を工夫して、さまざまな動物を作り上げていました。それを教室の壁面に掲示することで、楽しい環境づくりができました。

遊んでいる中でも、もっと楽しくできないかと考え、提案することができました。学級でレクリエーションをした際、みんなが楽しめるようにルールを少し変えるなどの工夫が見られました。

生活目標「廊下は右側を歩こう」に取り組むために、パトロールと称して友達と啓発活動をしていました。いいと思うことを自分で考えて行動できる姿は大変立派です。

音読劇の発表会に向けて、場面や登場人物の様子が伝わるように音読の仕方を工夫することができました。グループの発表がより良いものになるように、意見を出すことができました。

クラスで鬼ごっこ遊びをするときに、運動が苦手な子も楽しめるよう「鬼が増えたほうがいいよ！」と提案してくれました。おかげでみんなで楽しむことができました。

○学期はレク係を務め、毎週クラスのみんなで遊ぶレクを考えてくれました。前日には、全員にルール説明や集合場所などをアナウンスし、みんなが気持ち良く取り組めるように工夫をしました。

生き物係になり、いろいろな種類の魚をタブレット端末で調べ、魚カードで紹介できました。魚に興味をもてる楽しい工夫を考え、スクリーンを使ってプレゼンテーションする姿が見られました。

落とし物係になり、種類ごとに入れ物を用意したり、見出しを付けたりと、落とし物を減らす方法をタブレット端末で調べました。さまざまな工夫により、落とし物を減らすことができました。

誕生日係として、心のこもったカードを作成したり歌を歌ったりして活動を工夫しました。仲間と協力してみんなの気持ちが一つになるようなアイデアをいくつも考えました。

（6）「思いやり・協力」の姿勢がある児童の所見文

誰とでも仲が良い／誰に対しても優しい／仲間外れを注意／すすんで友達を助ける／友達に優しく声を掛ける／順番や物を譲る／笑顔で穏やかに話す／相手の気持ちを考えて行動／いつも穏やか／友達を大切にする／友達と協力しながら取り組む／男女分け隔てしない

友達に「遊ぼう」と誘われたら、誰とでも仲間の輪に入り、一緒に遊ぶことができました。誰に対してもそのように接することができ、男女関係なく友達に慕われています。

友達が困っていると「大丈夫？」と声を掛け、優しく話を聞き、やり方を教えてあげたり、落としたクレヨンをすすんで拾ってあげたりすることができています。

友達が困っていると、すすんで声を掛けることができます。**体育の着替え**の際に、赤白帽子をなくして困っている友達と一緒に探してあげる優しい姿が見られました。

仲間外れをしようとした友達がいたとき、○○さんが**注意**をしていました。「大勢で遊んだ方が楽しいよ」と伝え、その後みんなで仲良く遊んでいる様子に感心しました。

みんなで一緒に何かをすることが大好きで、**休み時間**には学級のみんなに声を掛け、楽しく**鬼ごっこ**をする姿が見られました。そんな○○さんの周りには、いつも**笑顔**があふれています。

順番や物を譲るなど、自分の気持ちよりも友達の気持ちを優先して行動できる優しさを備えています。周りの友達も○○さんの優しさに気付いており、多くの友達が慕っています。

友達が困っていると、すすんで助けることができます。**国語の時間**、うまく**発表**できない友達に、優しく声を掛け、助けてあげようとする姿が見られました。

休み時間に輪に入れない友達がいることに気付き、優しく声を掛け、仲間に入れてあげる姿が見られました。思いやりのある○○さんはいつもクラスの人気者です。

休み時間に、仲間外れをしようとした友達に**注意**をする場面がありました。そのときも、相手の気持ちを考え、優しく諭すように話しており、その様子に感心しました。

課題に対して間違ったことをしている友達には、優しく教えてあげています。いつ何時、誰に対しても**笑顔**で穏やかに話し掛けるなど、多くの友達から慕われています。

入学して以降、たくさんの友達をつくることができました。**授業中**もいろいろな友達と一緒に話し合ったり、考えたりする姿が見られ、楽しそうに取り組んでいました。

友達を大切にする優しい心をもっています。困った子を見かけたときはすぐに声を掛け、手助けをしていました。自分のことだけでなく、友達のことを助けようとする姿勢は大変立派です。

お手伝い係として、学級の友達に対して「大丈夫？手伝おうか」など思いやりのある声掛けができています。いろいろな友達と関わり、協力しながら思いやりをもつことができています。

誰に対しても優しく、穏やかな人柄に好感がもてます。**係活動**や**当番活動**でも、友達と役割分担を決めたり、声を掛け合ったりしながら、仲良く活動する姿が見られました。

友達思いで優しい心の持ち主です。困っている友達がいれば寄り添い、楽しんでいる友達がいれば一緒に楽しんでいます。○○さんの周りは、いつも温かい雰囲気で満ちています。

○○さんの行動には、いつもさりげない優しさがあふれています。**配り係**としてドリルを配るときには、無造作に机の上に置くのではなく、友達のことを考えて丁寧に置いていました。

生き物係の活動では、友達と協力して行動しました。毎日朝早くに**登校**し、あさがおの**水やり**を行いました。他の友達と協力して声を掛け合い、学級園にも忘れずに水をやりました。

いつもたくさんの友達に囲まれて過ごしています。誰に対しても優しく接し、助け合うことができます。そのため、○○さんと一緒に過ごすと、みんな**笑顔**になります。

自分のアサガオに**水やり**を終えた後、再度水をくみに行き、欠席の子の鉢にもそっと水やりをしている姿が見られました。欠席している子をいつも気にかけている優しい言動に感心します。

係活動では**工作係**として、友達とアイデアを出し合って意欲的に活動することができました。協力してみんなが使って楽しめる物を作成し、クラスを盛り上げてくれました。

大好きなドッジボールでは、みんなが参加できるように声を掛けたり、全員がボールに触れるようにパスしたりする姿が見られました。○○さんの言動で、クラスに**笑顔**があふれています。

運動会の玉入れの練習では、交流学習で来ている○○学級のお友達が困らないように、優しく声を掛ける姿が見られました。赤組が勝った時には、二人でハイタッチをして喜ぶ姿が印象的でした。

協力することの大切さに気付いています。班で**片付け**をする際には「分担して早く終わったら助け合おう」と周囲に声を掛けています。「協力すると早いね」と**笑顔**でハイタッチする姿が印象的です。

学校生活に慣れ、男女関係なく関わり、**休み時間**も友達に声を掛けて遊ぶ姿が見られました。**体育**の「かけっこ」では、順番を守って友達と協力しながら仲良く走ることができました。

掃除の時間に友達が一人で重い机を運んでいるところに行って、そっと手伝う姿が見られました。友達の気持ちに自然と寄り添える優しさがあり、クラスに良い影響を与えています。

転んだ友達に「大丈夫？」と声掛けをして助ける○○さんの優しさに、心が温かくなりました。誰にでも思いやりをもって接する姿に、クラスの皆が助けられています。

誰に対しても優しい態度で接することができました。**休み時間に遊ぶ際**には、男女関係なく一緒に遊ぶ○○さんの優しさに、いつもクラスが温かい雰囲気になります。

授業中に友達が問題につまずいている様子を見て、教えてあげる姿が見られました。友達が分かるまで何回でも教えてあげていて、分かってもらえたときはとてもうれしそうでした。

掃除当番では、ほうきの使い方を正しく覚えたため、正しい使い方を友達に優しく教えてあげることができました。「ありがとう」と感謝の言葉を言われて、とても喜んでいました。

忘れ物をして困っている友達に、自分の道具を貸してあげる姿が見られました。貸してあげた友達から「ありがとう」とお礼を言われ、とてもうれしそうでした。

相手を思いやる気持ちにあふれ、困っている友達の手助けをすることができます。**算数**の「ひきざん」では、ブロックを使用して、考え方を友達に優しく教えることができました。

いろいろな友達の良さを見つけよう、仲良くしようという優しい心の持ち主です。友達の話をいつもニコニコと**笑顔**で聞いていて、周りには友達の輪が広がっています。

落とし物をしてしまった友達に対して、一緒になって探してあげていました。友達から「ありがとう」と言われると、とてもうれしそうにしている姿が印象的でした。

授業中、消しゴムを忘れて困っている隣の席の友達にそっと声を掛け、貸してあげていました。困っている人を放っておかず、自分から助けることのできる優しい心をもっています。

クラスに来た転校生に「保健室の場所を教えてあげるね」と優しく声を掛けてくれました。**休み時間**も「一緒に**サッカー**しよう！」と声を掛け、仲良く遊ぶことができました。

友達がけがをしたときに「一緒に保健室に行ってあげるね」と声を掛け、寄り添ってくれました。教室に帰って来るときも隣で手をつないで優しい言葉を掛けてあげていました。

入学したばかりの頃、違う幼稚園から来た友達に優しく声を掛けたり、困っている友達を助けたりしていました。そのため、仲の良い友達をたくさんつくることができました。

社会科見学のオリエンテーリングでは、班の友達と協力してクイズの答えを探しながら館内見学をしました。友達の見たいものがあると、そこで止まって一緒に見学してあげる優しさもあります。

給食をこぼしてしまった友達がいると、すぐに自分のティッシュを取り出し、一緒に拭いてくれました。○○さんの優しい行動をまねする友達も増えてきました。

どの子にも分け隔てなく優しく声を掛けたり、困っている子を助けたりしていました。そのため、たくさんの友達をつくることができました。誰とでも仲良くする姿は、学級の手本となりました。

色鉛筆を落としてしまった友達の近くにすぐ駆け寄り、一緒にケースに入れてあげていた○○さん。「この色は、この場所でいいの？」と確認しながら入れてあげる優しさも素敵です。

消しゴムを忘れて困っている友達に自分の消しゴムを貸してあげたり、教科書を忘れた子に「一緒に見よう」と声を掛けてくれたりして、優しさがあふれる姿を多く見ることができました。

砂場遊びでは、一緒に何か作ろうと友達に声を掛け、協力しながら大きな山を作ることができました。砂の山にトンネルを掘り、友達と手をつないで喜ぶ姿も見られました。

(7)「生命尊重・自然愛護」の心がある児童の所見文

主な行動特性

水やりをする／餌やりをする／動物が好き／心を込めて種まきをする／植物の成長が楽しみ／動物や植物をじっと観察／図鑑で調べる／生き物係をする

生活科の「アサガオの栽培」では、自分のアサガオの世話をよくしています。「私たちと同じように、アサガオだって水を飲みたがっているよ」と言って友達に**水やり**を呼び掛けていました。

生活科の「アサガオの栽培」に意欲的に取り組む姿が学期を通じて見られました。初めて花が咲いたとき、タブレット端末を活用してその感動を画像付きの記録カードに書くことができました。

生活科の「アサガオの栽培」に、誰よりも意欲的に取り組むことができました。植物の成長を楽しみにしていて、自分だけでなく友達のアサガオの双葉や本葉が出たときも大変な喜びようでした。

校庭の花や木などに興味をもち、その成長の様子をよく報告してくれます。「先生、花がたくさん咲いたよ！」と飛び上がって喜びながら話をしてくれる姿が印象的です。

自分の育てているアサガオに毎朝欠かさず**水やり**をし、「今日も大きくなってね」と優しく声をかけている姿は本当に微笑ましく思います。教室の花にもすすんで水やりを行い、助かっています。

生き物係として、教室の金魚に毎朝しっかり餌をあげています。水槽をきれいに**掃除**した後に、「金魚さん、水槽がきれいになって良かったね」と優しく語りかけていました。

学級で飼育している金魚のことが気になる様子で、**休み時間**には水槽のそばに行き、その様子を観察していました。図鑑で金魚の雄と雌の違いを調べ、その違いを友達に教えてあげていました。

学級で飼育している金魚に興味をもち、**生き物係**をすすんで引き受け、**餌やり**をやってくれたり、**水槽の掃除**を手伝ってくれたりしました。餌やりを頼むととてもうれしそうでした。

「休みの日に捕まえた！」と持ってきてくれたカブトムシを毎日声を掛けながら一生懸命世話をしていました。友達に世話の仕方を優しく教えてあげる姿からも成長を感じます。

校庭で飼っているカメに、毎朝「おはよう！」とあいさつしてから教室に入ってきます。先日は6年生のお兄さんにお願いをして、一緒に餌をあげていました。その時の笑顔が**素敵**でした。

生活科での「アサガオの栽培」に、主体的な姿勢で取り組めました。アサガオの成長を楽しみにしていて、初めて花が咲いたときは満面の笑みを浮かべるなどうれしそうでした。

校庭の虫を捕まえ、虫かごに入れてよく世話をしていました。「この草は食べるんだよ」と図鑑で調べてきたことを楽しそうに友達に話す姿から、生き物がとても好きな様子がうかがえます。

休み時間には学校で飼っているウサギをよく見に行っています。「今日のウサギさんはとっても元気だったよ！」とうれしそうに報告をしてくれる姿を見ると、ウサギが本当に好きだと分かります。

生活科の「アサガオの栽培」に興味をもち、心を込めて種をまくなど世話をしていました。初めて花が咲いたときの感動を記録カードに書くことができました。

学級で飼育しているカメに興味関心を抱き、**休み時間**には水槽のそばに行き、カメの様子をじっと観察していました。図鑑でカメの育て方を調べ、友達に教えてあげていました。

校庭の木々の変化に、よく気付いていました。「先生、葉っぱが枯れちゃった。大丈夫かな」と心配をしている姿を見て、とても心優しい子だなと思いました。

1 「ポジティブな行動特性」に関わる文例
（8）「勤労・奉仕」の精神がある 児童の所見文

 **主な
行動特性**

仕事が丁寧／大変な仕事をすすんでする／みんなの役に立とうとする／お手伝い
が好き／労を惜しまない／陰ひなたなく活動／最後までやり遂げる／真面目に取
り組む／自らすすんで行動

教室の**掃除**のときには、教室の隅々の細かなところにも気が付いてきれ
いにしてくれています。掃除の反省会では、頑張っている友達を紹介し、
協力して掃除しようという雰囲気をつくっています。

給食当番では、スープ類などの入った重い丸食缶を担当し、慎重に持ち
運んで上手に配膳してくれています。大変な仕事をすすんでやる姿勢は
他の友達からも信頼を集めています。

当番や**係**の仕事を最後までやり通す根気強さをもっています。みんなが
やりたがらない仕事でも一生懸命取り組む態度は、クラスの良き手本と
なっています。

いろいろな**当番**や**係**の仕事に興味関心を抱き、やり始めると最後までや
り通す根気強さをもっています。真面目に取り組む態度は、クラスの良
き手本となっています。

授業で使った道具や清掃用具を自分の物だけでなく他の子の分まで自分
から気が付いて**片付け**をするなど、労を惜しまずに仕事をします。その
ため、学級の中での良き手本となっています。

教室の**掃除**では陰ひなたなく活動して、他の子がやりたがらない机と椅
子を運ぶ仕事も自分からすすんで黙々とこなしてくれます。そうした姿
に、教師たちはいつも感心させられています。

お**手伝い**が好きで、いろんなことを手伝ってくれます。○○さんが、黒
板の周りをきれいに掃除をする姿を**帰りの会**で他の友達が紹介し、クラ
スのみんなから拍手をもらいました。

教室に他の友達の持ち物が落ちていると、必ず拾って元の場所に掛けてあげる姿にいつも感心しています。みんなの役に立とうとする態度が、クラスに良い影響を与えてくれています。

お手伝い係の仕事を一人になっても最後までやり通す強い責任感をもっています。そのため、見習おうとする友達もいて、周りの子どもたちに良い影響を与えています。

率先してお**手伝い**をしてくれます。プリントを配る際には「ぼくが配ります」と、**笑顔**で手伝ってくれました。お礼を言うと、恥ずかしそうにうれしがっている姿が本当に微笑ましく思います。

学級文庫の本が乱れていると「先生、きれいにしていいですか」と、友達と**協力**して**整頓**をしれてくれます。みんなのためにいろんなお**手伝い**をしようとする○○さんの姿はクラスの手本です。

給食当番の仕事を張り切って行っています。ご飯やおかずの量をよく考えて配っています。**片付け**も積極的に行い、**帰りの会**で友達に褒められてとてもうれしそうでした。

細かいところによく気が付き、自分からすすんで机の**整頓**をしてくれます。毎日帰る際には、教室の机の位置が乱れていると、友達と協力してきれいに並べてくれます。

係のリーダーとして一生懸命頑張っています。友達にもよく声を掛け、協力して行う姿は立派です。**手紙係**として毎日欠かさずお手紙を取りに行くことができました。

掃除の時間には、無言で一生懸命取り組んでいます。雑巾掛けは細かいところまで丁寧に拭くことができ、たくさんの友達から「上手だね」と褒められていました。

日直の仕事を張り切って行うことができました。その日の仕事を、友達と協力し合って行う姿は立派です。**朝の会**や**帰りの会**では堂々と司会を行うことができ、友達に褒められていました。

1 「ポジティブな行動特性」に関わる文例
（9）「公正・公平」を意識した行動ができる児童の所見文

主な行動特性

ルールを守らない友達を注意する／友達から信頼されている／正しいことは正しいと言える／正しい態度をとれる／男女分け隔てしない／誰にでも公平に接する／善悪の分別がつく／誰にでも笑顔で接する

昼休みに**ドッジボール**をするとき、ルールを守らない友達をきちんと**注意**できます。そのため、学級の友達から信頼され、○○さんの周りにはいつも人の輪ができています。

休み時間に友達と**鬼ごっこ**をするとき、「一緒にやろうよ」と言って、孤立しがちな友達を誘っていました。思いやりがあって親切なので、周りの子どもたちからとても慕われていてます。

誰に対しても、いつも優しく接しています。グループの友達の話をよく聞き、みんなの意見を取り入れ、**お楽しみ会**では**ゲーム係**として、楽しいゲームを企画しました。

正しいことは正しいと素直に言えるところが、○○さんの良いところです。**日直当番**のときには、「静かにしましょう」と、**授業前**に大きな声でみんなに声掛けをしてくれました。

明るく朗らかな性格で、周りの子どもたちに対して公平で優しい態度をとることができます。そのために、学級の友達から厚い信頼を集め、○○さんの**発言**はクラスでも影響力があります。

誰にでも公平に優しく接することができます。友達が泣いているときには「どうしたの？」と優しく声を掛け、励ましていました。○○さんの優しさは、たくさんの友達に浸透しています。

大人しくて弱い立場の友達に対し、温かい言葉掛けをしていました。思いやりがあって親切なので、周りの子どもたちからとても慕われていて、誰とでも仲良くやれます。

男女分け隔てなく、誰とでも仲良くすることができて、**休み時間**や昼休みの遊びの中心になっています。これからも学級のリーダーとしての気持ちをもち続けてほしいと思います。

善悪の分別がしっかりついています。友達の良いところは、「すごいね！」と声を掛け、悪いところは「だめだよ」と優しく言うことができます。多くの友達から認められ、毎日楽しく過ごしています。

友達が一人でいると、「一緒に遊ぼうよ」と優しく声を掛けてくれています。誰にでも**笑顔**で接することができるので、クラスのみんなは○○さんのことが大好きです。

友達が困っているときには、自分から「大丈夫？」と優しく声を掛けてくれます。たくさんの友達と仲良くすることができ、○○さんの周りにはいつも友達がたくさん集まってきます。

いつも仲良くしている友達にでも、いけないことはいけないときちんと話してあげることができます。これからも正しい態度をとり続けてほしいと思います。

1 「ポジティブな行動特性」に関わる文例
(10) 「公共心・公徳心」を大切にしている 児童の所見文

主な 行動特性 みんなが使う物に気をかける／クラスのルールを守る／良くないことは断る／友達を注意する／正しい判断力をもっている／礼儀作法が身に付いている

学級のみんなで使うボールや長縄跳びなどを大切にし、使った後はすすんで所定の場所に**片付け**ていました。みんなが使う物をいつも気にかけ、大切にしていこうとする行動はとても立派です。

遠足で出掛けた公園で昼食を食べた後に、「ごみは必ず持ち帰ろう。来た時よりもきれいに」という合い言葉の通りに行動することができました。率先して行動する姿は素晴らしかったです。

休み時間は友達と楽しく鬼ごっこをして遊ぶなど元気に過ごしています。クラスで決めたルールを守り、友達と楽しく遊ぶ姿からも、1年生としての成長を実感できます。

「おはようございます」や「ありがとうございます」をしっかりと心を込めて言うことができます。日本人として大切な礼儀の心が身に付いていることに、とても感心します。

体育館へ移動をする際には、しっかりと無言で並んで移動することができます。学校のルールを守り、行動しようとする姿はとても立派で、これからも続けてほしいと思います。

学校の決まり事やみんなで決めた学級のルールをよく守っています。また、友達の行動の良し悪しも判断することができるなど、落ち着いていて冷静な態度に感心させられています。

学級の誰とでも公平に付き合い、グループでも友達と仲良く活動できています。良くないことは断ったり、注意したりすることもでき、正しい判断力をもって生活しています。

学校で初めてタブレット端末を使ったときは、学校の決まりをしっかり守ろうという話をよく聞いてくれました。みんなのものを丁寧に使おうとする心掛けは素晴らしいものがあります。

チャイムが鳴ると、急いで座って授業の準備をする姿勢はとても立派です。学校のルールを守ろうとしていることがよく分かります。その姿はいつもクラスの良き手本です。

友達から誘われても、良くないと思ったことは、はっきりと断ることができます。人の話もよく聞きながら、自分の考えで行動しようとする態度はとても立派です。

自分のことだけでなく、友達が良くないことを言ったり、やったりしていることに気が付くと注意してあげています。いつも真面目な態度で生活する姿はとても好感がもてます。

（1）「基本的な生活習慣」が身に付いていない児童の所見文

チャイムの合図で気持ちを切り替えて**授業**に集中することができたときは、話をよく聞いて**発表**する回数が多くなってきました。学習課題に集中して、活躍できるようになってきています。

忘れ物をする日が続き、学習に集中できないこともありますが、準備をしっかりとする習慣さえ身に付けば、落ち着いて学習に取り組むことができます。学校でも引き続き声を掛けていきます。

最初の頃は学習準備がうまくできず、戸惑う場面が見られましたが、友達の手助けもあって一人でできるようになってきました。忘れ物のチェックをご家庭でもご協力いただけると助かります。

休み時間は夢中になって遊んでいます。まだ時計を読むことができませんが、チャイムを聞いて行動することができるように指導を重ね、少しずつ時間を守る意識が高まっています。

あいさつの言葉に加え、「ありがとう」「ごめんなさい」の言葉がしっかり言えるようになってきました。友達もだんだん増えて、明るく元気に学校生活を送っています。

着替えに少々時間がかかるときもありましたが、今では時間を気にして取り組めるようになってきました。これからもたくさん励ましながら支えていきたいと思います。

最初は元気にあいさつをすることを恥ずかしがっていましたが、少しずつ**笑顔**であいさつができるようになってきました。これからも元気に生活できるように声掛けを重ねていきます。

机の中やロッカーを**整理**することが少し苦手でしたが、概ねできるようになってきました。少しずつですが自分で使った物を元に戻すこともできるようになってきています。

入学して間もない頃は、**朝の準備**に戸惑う場面がありましたが、少しずつ慣れてきて、準備ができるようになりました。今後も声掛けを重ね、サポートしていきたいと思います。

自分の持ち物をなくしてしまうことがありましたが、物を大切にする意味や**整頓**の行い方を知ることで、少しずつ**片付け**もできるようになってきました。ご家庭でも励ましの言葉をお願いいたします。

入学してからできるようになったことがたくさん増えました。あとは、○○さんの元気なあいさつの声を聞くことができればと考えています。元気なあいさつができるよう声を掛けていきます。

2 「ネガティブな行動特性」に関わる文例

（2）「健康・体力の向上」において課題がある児童の所見文

苦手だった**給食**の野菜を自分からすすんで食べる努力をしていました。たとえ嫌いな物でも少しずつ食べる努力で、今では食べられない物も減り、量は少ないですがほぼ**完食**できています。

なわとびや**鉄棒**などたくさんの運動に一生懸命挑戦しています。続けて取り組んでいくことで上達してきています。○学期も、この調子で取り組んでくれることを期待しています。

なわとびや**鉄棒**が苦手のようでしたが、**体育の授業**をきっかけに**休み時間**に練習するようになりました。**外遊び**を通じて友達も増え、体力も向上してきました。

外遊びがあまり好きではないようでしたが、友達に誘われて、少しずつ外遊びに参加するようになってきました。教室でも**笑顔**が増え、**各授業**の**発言**も増えてきました。

入学当初、時々眠そうな表情をしていることがありましたが、学校で取り組んでいる「**早寝・早起き・朝ごはん**」を続けて行った結果、毎日活発で健康に過ごすことができるようになってきました。

給食が始まった頃は好き嫌いがあり、食べ残しも多く見られましたが、嫌いな物でも少しずつ食べる努力をして、今では食べられない物もなくなり、ほぼ完食できています。

体育の時間、うまくできずに泣いてしまうこともありましたが、じっくりと取り組ませることによって少しずつ自信がもてたようです。これからも楽しんでできるように励ましていきます。

休み時間は教室で折り紙をして遊ぶことが好きなようですが、天気の良い日には外遊びをすることも大切です。楽しく外遊びができるように声を掛けていきます。

最初は「こおりおに」など初めての遊びになかなか自分から参加できませんでしたが、友達からの誘いもあり、徐々に参加できるようになりました。今後も声を掛けていきたいと思います。

当初は休み時間に教室にいることが多かったのですが、友達が増えるにつれて、外で鬼ごっこをして遊ぶ機会が増えてきました。今後も楽しく学校生活を送れるように見守っていきます。

入学当初は外遊びをあまりやりたがりませんでしたが、友達に誘われてから一緒に遊具で遊んだり鬼ごっこしたりすることが楽しくなったようで、最近では元気に外遊びを行っています。

2 「ネガティブな行動特性」に関わる文例
（3）「自主・自律」を意識した行動ができない児童の所見文

担任に言われて思い出せば、仕事を果たすことができていました。学校生活に慣れてくるにつれて、自分で考え、毎日多くの仕事ができるようになっていきました。

難しい課題があると、取り組むのに時間がかかることがありましたが、スモールステップを設定し、目標を一緒に決めると少しずつ粘り強く取り組める時間が長くなってきました。

入学当初は、教師や上級生に頼りがちでしたが、やり方が分かってくるにつれて、少しづつ自分の力でやってみようとする姿勢が見られるようになり、成長を感じました。

友達との**話し合い**活動の時間、なかなか自分の考えが言えずにいましたが、友達が優しく耳を傾けてくれたことを契機に、少しずつ自分の意見を表現することができるようになってきました。

鉄棒では逆上がりができず、当初は練習にも消極的でしたが、友達に促されてからは自ら**休み時間**を使って練習を重ねました。練習の甲斐あってできるようになり、自信がついたようです。

朝学校へ来ると、すぐに遊びに行ってしまうことが続いていましたが、声掛けを繰り返したところ少しずつ改善され、準備をしてから遊びに行く習慣が身に付いてきました。

算数の学習で分からないところがあると、少し考えて諦めてしまう様子が見られましたが、一つずつ順を追って説明することで、最後まで考えられるようになってきました。

朝の準備の時間には、当初はマイペースな部分も見られた○○さんですが、学校のリズムに少しずつ慣れてきて、周りと同じ早さで支度ができるようになってきました。

入学当初は、自分の思いを優先して、活動になかなか取り組むことができませんでしたが、今では時間割を見て、次の時間の準備に取り掛かれるようになってきました。

自分の思いだけで行動してしまうことが多かった○○さんですが、周りの友達の様子を見て、自分がやるべきことに主体的に取り組むことができるようになってきました。

学習活動で分からないことがあっても、当初声を掛けるまで一人で悩んでいる姿が見られましたが、少しずつ自ら質問できるようになり、課題を解決したいという気持ちが芽生えてきました。

（4）「責任感」を伴った行動ができない児童の所見文

掃除に消極的な時期もありましたが、掃除の手順が分かり、教室がきれいになることの良さを実感したことで、友達と協力してしっかりと掃除をすることができるようになってきました。

掃除当番の仕事に苦手意識を感じている様子が見られましたが、友達に正しいほうきの使い方を教わることで自信がつき、少しずつ掃除当番の仕事を行うことができるようになってきました。

初めの頃は、日直の仕事についてよく分からなかったようで、ペアの友達に頼りがちでしたが、今では率先して日直の仕事に取り組む姿が見られるようになりました。

給食当番の白衣の着替えがなかなかできず、準備が遅くなってしまう様子がたびたび見られましたが、友達と互いに声を掛け合うことで、責任感をもって準備ができるようになってきました。

掃除の時間、決められた場所の掃除ができない様子が見られましたが、一生懸命掃除をしてきれいになった教室を見て、掃除をすることの大切さに気付くことができました。

掃除の時間中に集中力が切れてしまう様子がたびたび見られましたが、掃除をすると気持ちよく過ごせることに気付いて以降は、責任をもって活動できるようになりました。

窓当番として、朝と帰りの窓の開け閉めに取り組みました。初めの頃は忘れてしまうこともありましたが、同じ当番の友達に声を掛けてもらうことで、忘れずに行える回数が増えてきました。

アサガオの水やりを忘れてしまうことが時折ありましたが、生活科の観察カードを書いた直後には、水をたっぷりと与える姿が見られました。これが毎日続けられるよう支援していきます。

一時期は**宿題**を忘れてしまうことが続きましたが、ご家庭の協力もあり、少しずつ家庭学習の習慣がついてきました。ノートに書いてある花丸を見て、喜んでいました。

当初は**給食当番**に前向きに取り組めない様子が見られましたが、**当番の**やり方をよく理解したことで、責任をもって取り組むことができるようになりました。

係活動では、自分に与えられた役割を忘れてしまうことがありましたが、少しずつ友達と一緒に行う楽しさを味わえるようになり、現在は自主的に取り組む姿が見られるようになりました。

2 「ネガティブな行動特性」に関わる文例
（5）「創意工夫」を凝らした活動ができない児童の所見文

タブレット端末で友達と作品やノートを共有するようになってから、友達の良さを取り入れたり、試してみたり、表現方法に変化が見られました。より良く表現しようとする姿に成長を感じます。

飾り係の活動では、友達に**折り紙**の折り方を教えてもらいながら、季節の飾りを作ることができました。活動を重ねる中で、図書室で折り紙の本を借りて折り方を調べる姿も見られました。

係活動のときに、学級のみんなに分かりやすく伝えるにはどのようにすればよいか悩んで、動けなくなってしまう様子が見られました。他者と協働して取り組むことができるよう支援していきます。

初めての経験には慎重でしたが、大切に育てているアサガオに名前をつけたり、花で色水を作ったり、アイデアが光るようになりました。おかげでみんなの活動が広がることも増えました。

係活動のときに、学級のみんなに分かりやすく伝えるにはどのようにすればよいか悩む様子が見られました。友達の**発表**を見本にしながら自分の考えも言えるようになってきました。

必要な物を忘れてしまうことが何度かありましたが、最近では自分で連絡帳に書いたり、友達に助けてもらったりしたことで、少しずつ忘れ物が少なくなってきました。

国語の音読劇発表会に向けて、グループでの話し合いから登場人物や場面の様子が伝わる工夫を考えることができました。何度も練習に取り組み、**発表会**では大きな拍手をもらっていました。

遠足をきっかけに、日記に変化が見られました。出来事を詳しく描写したり、自分の気持ちを丁寧に綴ったり、様子がよく分かる表現が増えました。手本として掲示されとてもうれしそうでした。

学校生活を送る中で、少しずつ興味関心が広がり、周りに目を向けることができるようになりました。**学級会**では、みんなが仲良く遊べる工夫を考えることができました。

教科書や身の回りの**整理整頓**が苦手なようでしたが、声を掛けなくても**整頓**できるようになってきました。荷物が多いですが、ロッカーを上手く利用して身の回りを**整理**できるようになってきました。

係活動に慣れ、友達と活動のアイデアを出し合って活動の予定を考えることができました。話し合いの中で、少しずつ自分の考えを友達に伝えることができるようになってきています。

「失敗しても人と違ってもいいんだよ」と励ましてから、何事にも安心して取り組めるようになりました。6年生に贈るプレゼントも、カラフルな色や形を工夫して作ることができました。

2 「ネガティブな行動特性」に関わる文例
（6）**「思いやり・協力」の姿勢がない**児童の所見文

学級の花壇の**水やり**を率先して行いました。水をさわるのが好きで、自分だけでやろうとするときもありました。友達と協働してできるようになるとさらに効率が良くなりそうです。

係活動で、全部自分がやりたい気持ちが強かったのですが、曜日を分担することで友達のことを意識できるようになりました。友達が休んだ時には、代わりに仕事をする優しさも見られました。

自分の思いだけでなく、相手の気持ちも考えることができるようになりました。**体育**のボール投げゲームでは、チームの友達を責めることなく「ドンマイ」と声を掛ける姿が見られました。

あいさつを苦手に感じていたようですが、少しずつ自分からできるようになってきました。あいさつをされると温かい気持ちやうれしい気持ちになることを実感している様子がうかがえます。

休み時間にボールの取り合いをするよりも、多くの友達を誘って一緒に遊ぶ方が楽しいことに気付くことができました。汗をかいて「楽しかった」と校庭から戻る姿に、大きな成長を感じます。

「ありがとう」や「ごめんね」という言葉を素直に伝えることが苦手だったようですが、先日、落とし物を届けてくれた友達に「ありがとう」と伝えている場面に成長を感じました。

相手の気持ちを理解することに苦手意識があるようでしたが、先日、友達にうれしい出来事があったときに一緒になって喜んでいる姿が見られました。温かい心が芽生えてきた証拠です。

気持ちのコントロールがうまくいかないことがありましたが、長く引きずることなく気持ちの切り替えができるようになりました。着実に落ち着いて行動できるようになっています。

好奇心が旺盛で、興味をもってすすんで仕事を引き受けることができます。これからは、友達と一緒に活動することが増えるよう、励ましていきたいと思います。

友達との関わりの中で、自分の思いだけでなく、相手の気持ちも考えることができました。我慢をすることの大切さについても話をしたことで、行動に移すことができるようになっています。

給食当番の仕事を友達に「上手だね」と褒められてから、すすんで楽しく仕事ができるようになりました。今では、自分の仕事が終わると友達を手伝う姿も見られます。

友達との関わりの中で、「自分」ではなく、周りや相手の気持ちを考えて行動することの大切さに気付き、少しずつ行動に移せるようになってきました。

2 「ネガティブな行動特性」に関わる文例
（7）「生命尊重・自然愛護」の心がない児童の所見文

学校で育てているアサガオの**水やり**を忘れることがありましたが、友達から誘われて水やりをするうちに、大きくなるアサガオが大好きになり、今では声を掛ける姿も見られるようになりました。

最初の頃は**生活科**で捕まえてきた虫をそのままにすることがありましたが、友達に声を掛けられて世話を続けていくうちに、虫を大切にする気持ちが強くなりました。

植木鉢への**水やり**をする役目を忘れて、友達から声を掛けられることがありました。少しずつ、責任感のある行動が見られるようになり、見事に花が咲いたときにはとても喜んでいました。

自分が赤ちゃんの頃の写真を見た際「あまりかわいくない」と言って不満そうでしたが、お母さんから生まれてきた話を聞いた後には、自分の体に触れて命を感じ取っていました。

自分で捕まえた虫の世話を忘れることがあり、何度か声を掛けました。日に日に虫を大切にする気持ちが強くなり、よく観察をしてから捕まえた場所に戻すことができました。

学校で飼っているウサギを見に行った際、当初は**動物**の世話が苦手な様子でしたが、自分が育てた野菜をウサギに食べてもらったことをきっかけとなり、一生懸命に世話をするようになりました。

（8）「勤労・奉仕」の精神がない児童の所見文

日直になった日は、先生や友達からアドバイスをもらいながら、自分の仕事をしています。2学期からは、少しずつ仕事の内容も覚え、一人でできることも増えてきました。

当番の仕事を面倒だと感じることもありましたが、同じ当番の友達に助けてもらいながら、一緒に活動することができました。仕事に慣れてからは、自信をもって楽しく仕事をする姿も見られました。

掃除では、自分の担当する場所の作業が思うように進まず、手伝ってもらっていました。丁寧に掃除をしていることを上級生から褒められたことで、主体的に取り組めるようになりました。

当初は給食当番を嫌がることが多かったですが、配膳が終わった後に友達にお礼を言われたことで、面倒な後片付けなどにも最後まで責任をもって取り組むことができるようになりました。

自分の当番の仕事を忘れてしまうこともありましたが、仕事の内容を少しずつ理解し、自信がついてきたようです。これからも取り組み続けられるよう声を掛けていきます。

（9）「公正・公平」を意識した行動ができない児童の所見文

タブレット端末が配付された当初は、うれしさから持って走ったり片手で持ったりと危ない行動も見られましたが、周りの友達からの声掛けで、今では安全に持ち運びができています。

話し合いでは当初、自分がずっと話してしまい、友達の話を聞くことが苦手でした。担任や友達に声を掛けてもらうことで、徐々に聞くことができるようになってきています。

早く外に行きたくて、つい廊下を走ってしまうこともありますが、友達とぶつかると危ないことを自覚し、少しずつゆっくりと歩くように意識できるようになってきました。

当初は人の話を聞くときに、つい話し出してしまうこともありました。友達に声を掛けてもらうことで状況を理解し、聞く姿勢に戻ることができるようになってきています。

気持ちのコントロールが難しく、つい友達と言い合ってしまうこともありましたが、お互いに嫌な気持ちになることを理解できるようになり、いざこざの回数が少しずつ減ってきました。

2 「ネガティブな行動特性」に関わる文例
(10) 「公共心・公徳心」を大切にしていない児童の所見文

廊下や階段の歩き方を少しずつ意識できるようになってきました。廊下や階段を走ってはいけない理由を説明したところ、みんなに迷惑がかかってしまうということを理解してくれたようです。

外遊びが大好きなため、校庭に遊びに行くとなかなか戻って来られませんでしたが、仲の良い友達に「一緒に戻ろう」と言われ、少しずつ約束が守れるようになってきました。

図書室で借りた本や学級文庫を大切にする指導を繰り返した結果、本だけでなく、友達から借りた物やみんなで使う物も大切にしたいと、めあてをもつことができました。

廊下を走って注意されることがありましたが、ぶつかったときの危険性を知る機会があったことで、少しずつ自分で気を付けることができるようになってきました。

学校の遊具はみんなのものであることを理解しました。遊具で遊ぶときには、自分のことだけを考えるのでなく、順番を守ることが大切だということに気付きました。

3 「学習面の特性」に関わる文例

（1）国語に関わる所見文

◆「知識・技能」に関わる文例

特性キーワード 濁音・半濁音を正しく発音／促音を正しく発音／主語・述語の関係を理解／平仮名を正しく発音／拗音・拗長音を正しく発音／筆順が正しい／常体・敬体の使い分け

「入門期」の教材「なかよしのき」で、さし絵を見ながら話を想像したり、気付いたことを話し合ったりすることができました。姿勢や口形、発声や発音に注意して話し合うことができました。

教材「わたしのなまえ」では、自分の名前をみんなの前で**発表**することができました。伝えたい事柄や相手に応じて、声の大きさや速さなどを工夫して**自己紹介**することができました。

すすんで**自己紹介**の練習をしたり、友達の自己紹介を関心をもって聞くことができました。また、自己紹介をはっきりとした声で、**敬語**を使ってすることができました。

教材「かき、かぎ」で、**濁音**と**半濁音**の文字をほぼ正しく発音したり、書いたりすることができます。また、濁音の有無により、違う意味の言葉になることを理解しています。

教材「ねこ、ねっこ」で、さし絵を見ながら**促音**の入った言葉を正しく読んだり書いたりできます。また、**主語**と**述語**の関係を理解し、**助詞**「は」を文の中で正しく使うことができます。

教材「ことばをあつめよう」では、さし絵を見ながら**主語**と**述語**、語句のまとまりに気を付けて、**句点**を入れて文を書くことができます。また、**助詞**「を」を使って文を書くことができます。

教材「よくみてかこう」（書く）で、**平仮名**を正しく発音することができます。また、書きにくい、間違えやすい平仮名でも字形や**筆順**に注意して正しく書くことができます。

物語「けむりのきしゃ」では、助詞や長音・促音・撥音・かぎ（「」）を正しく読んだり、書いたりできます。また、長音を正しく読んだり、書いたりできます。

説明文「すずめのくらし」では、助詞の「は」「を」、拗音・拗長音を正しく音読できます。また、拗音の言葉をほぼ正しく読んだり、書いたりすることができます。

教材「かたかな」では、言葉の中には片仮名で書く言葉があることを理解しています。平仮名と区別して書き表し、濁音や半濁音、長音や拗音の片仮名の言葉を正しく読んだり書いたりできます。

説明文「だれが、たべたのでしょう」では、主語と述語の関係、拗音・促音・撥音について理解しています。また、それらに気を付けて音読したり、書いたりすることができます。

書写「ひらがなを正しくかこう」では、平仮名の始筆、送筆、終筆の書き方を正しく理解しています。また、理解したことを生かして正しく書くことができます。

書写「かたかなやかん字を正しくかこう」では、片仮名や漢字の始筆、送筆、筆順を正しく理解しています。また、理解したことを生かして正しく書くことができます。

教材「たのしかったことをかこう」では、助詞の使い方、句読点の打ち方、かぎ括弧の使い方を理解することができました。作文の中で何度も使い、正しく書くことができるようになってきました。

教材「かぞえうた」では、繰り返し練習することで漢数字を正しく読み、書くことができるようになりました。また、ものの数え方として、いくつかの助数詞があることを理解しています。

教材「かん字のひろば〜日づけとよう日」では、カレンダーを使って日付や曜日を表す言葉を理解することができました。また、日付と曜日をノートに書くことができるようになりました。

教材「かん字のひろば〜かん字のよみかた」では、「山」「日」「月」など、**漢字**には複数の読み方があって、具体例を示すことで読み方が変わることを理解することができました。

説明文「みぶりでつたえる」では、繰り返し読むことを通して、**常体**と**敬体**が使い分けられていることを理解することができました。また、**会話文**以外のかぎ（「」）の使い方も理解できました。

教材「にているかん字」で、「人」と「入」、「水」と「木」など、形の似ている**漢字**を比べることで違いに気付き、正しく読んだり書いたりすることができるようになってきています。

◆「思考・判断・表現」に関わる文例

特性キーワード 簡単な文章を書ける／想像を広げながら読める／言葉遣いに気を付けて話せる／相手に尋ねたり、応答したりできる

教材「せんせい、あのね」（書く）では、経験したことや想像したことなどから書こうとする題材を見つけることができました。さらに、必要なことを明確にして伝えたい文章を書くことができました。

教材「ねこ、ねっこ」（書く）では、**促音**の読み方と書き方、**句読点**の使い方を理解し、語と語や文と文の続き方に気を付けて、内容のまとまりが分かるように工夫して文を書くことができました。

物語「けむりのきしゃ」（読む）では、話の大筋を捉え、文章とさし絵を結びつけながら、場面の様子について人物の行動を中心に想像を広げながら読むことができました。

教材「ぶんをつくろう」（書く）では、**句読点**の使い方を理解し、語と語や文と文の続き方に気を付けて、**主語**と**述語**の関係に注意して、基本的な文型の文を書くことができました。

教材「みんなにはなそう」（話す・聞く）では、必要な事柄を順序立てて、**言葉遣い**に気を付けて話すことができました。また、友達の話を興味をもって最後まで聞くことができました。

説明文「すずめのくらし」（読む）では、本文を読みながら、問いの文に反応して考えたり、写真と文を見比べたりしながら、問いに対する答えを読み取ることができました。

教材「しらせたいことをかこう」（書く）では、経験したことや想像したことなどから書くことを見つけ、必要な事柄を集めたり確かめたりして、伝えたいことを文章にすることができました。

物語「おおきなかぶ」（読む）では、文章とさし絵を結びつけ、時間的な順序や事柄の順序を考えながら登場人物の行動を想像し、**音読**で繰り返しの展開を楽しみながら読むことができました。

教材「たのしかったことをかこう」（書く）では、日常生活の中で経験したことから書くことを選び、時間的な順序や事柄の順序に沿って文章を書くことができました。

説明文「だれがたべたのでしょう」（読む）では、語のまとまりに気を付けながら**音読**し、問いと答えの関係を考えながら、食べ跡と誰がどのように食べたのかを関係付けて読むことができました。

説明文「はたらくじどう車」（読む）では、それぞれの自動車の「やくわり」と「つくり」について、順序に気を付けて読み、「やくわり」に合わせた「つくり」を書き抜くことができました。

物語「うみへのながいたび」（読む、書く）では、写真と文章をもとに、白くまの親子の様子を想像しながら読むことができました。また、白くまになったつもりで、**会話文**を書くことができました。

説明文「みぶりでつたえる」（読む）では、「このように」「また」などの文と文をつなげる言葉に注意しながら、身ぶりの働きについて読み、理解することができました。

自分の考えを分かりやすく書くことは難しいですが、教材「たのしかったことをかこう」（書く）では、**構成メモ**（経験した事実⇒思ったこと）を活用して分かりやすく書くことができました。

読んだことをもとに書くことは難しい学習ですが、**物語「お手がみ」**（読む、書く）では、かえるくんの行動で変化するがまくんの気持ちを読み取り、登場人物の一人に**手紙**を書くことができました。

相手の話を最後まで聞き、話題に沿って尋ねることは難しいですが、教材「みつけてはなそう、たのしくきこう」では、さし絵をもとに集中して聞き、相手に尋ねたり、応答したりできました。

他の人に聞いてもらう**音読**をするために、教材「みんなでたのしくよみましょう」では、**物語**の好きな場面を選んで、言葉の響きに気を付けて音読することができました。

「はたらくじどう車」（読む）の発展学習「のりもののことをしらせよう」（書く）で、自分の考えが明確になるように、事柄の順序に沿って、分かりやすい簡単な**説明文**を書くことができました。

自分が読んだ本を紹介するために、教材「スイミー」の面白いところを参考にして、どのようなお話かを考えながら読み、おもしろいと思ったところを見つけることができました。

◆ 「主体的に学習に取り組む態度」に関わる文例

特性キーワード すすんであいさつができる／人の話をしっかりと聞ける／読書への関心が高い／丁寧に書ける／楽しく音読／興味をもって文章を読める

教材「たのしいいちにち」のさし絵から、いろいろな**あいさつ**があることを理解することができました。あいさつの言葉を考え、場面に合わせて自分からすすんであいさつをしようとしています。

自己紹介の場面のさし絵をもとに、話し方や聞き方について話し合うことができました。それをもとに、すすんで自己紹介を行ったり、友達の自己紹介に関心をもって聞いたりすることができました。

教科書のさし絵や絵本の表紙から、本に興味をもつことができました。さまざまな本の読み聞かせを通して、**読書**への関心を高め、好きな場面はどこかなど、感想を言うことができました。

教材「うたにあわせてあいうえお」を教師の後について**音読**することができました。姿勢や口形、声の大きさや速さに注意して音読し、リズムの良さや声を合わせる楽しさを味わっていました。

教材「あいうえお」では、**母音**や簡単な**平仮名**をすすんで声に出して読んでいました。また、姿勢や鉛筆の持ち方に気を付けながら、平仮名を丁寧に書くことができました。

教科書のさし絵を見ながら、話題を見つけて話題に沿って話し合い、相手の話を集中して聞くことができました。相手の話題に対して、簡単なことを尋ねたり、応答したりしていました。

教材「おむすびころりん」では、さし絵から話に興味をもち、教師の範読を聞き、内容の大筋を理解することができました。友達と協力して**音読**を楽しむことができました。

教科書に掲載された**物語**文を読み、言葉の意味を考えて、場面の様子を思い浮かべることができました。リズム感良く、楽しそうに何度も何度も**音読**していました。

物語の繰り返しの展開を楽しみながら、教材「おおきなかぶ」を読むことができました。また、それぞれの場面を読み、人物の行動を中心に想像を広げ、人物になりきって楽しく演じていました。

教材「だれがたべたのでしょう」で写真と問いの文のクイズを楽しみながら、問いに対応する答えの文を探すことができました。また、図鑑で調べたことを問いと答えの文にすることができました。

説明文「はたらくじどう車」の学習を生かして、自分で選んだ乗り物の「やくわり」と「つくり」をカードに書き、それをもとに、順序に気を付けて乗り物を説明する文章を書くことができました。

区切り方によって意味の異なる語句に興味をもち、教材「おもしろいことば」では、「いるか」の**詩**を音読して楽しみ、「あしたならいます」などの区切り方と意味の違いを考えることができました。

昔話「天にのぼったおけやさん」の読み聞かせに興味をもって聞くことができました。また、このお話の面白かったところを選んで声に出して読み、友達に聞かせていました。

説明文「すずめのくらし」の問いの文を繰り返し読んだり、写真を見たりしながら、すずめがくらしの中でどんなことをしているか、興味をもって文章を読むことができました。

身近なできごとや経験したことから知らせたいことを選んで文章を書く学習に初めて取り組みました。「せんせい、あのね」の書き出しで、つながりのある文章を書くことができました。

説明文の学習では、文章と絵の対応について、ゆっくりでも丁寧に読むことができました。日常生活で使っているいくつかの身振りについて説明する文章を書くことができました。

教材「学校のことをつたえあおう」を読み、学校のことをみんなに伝えようとして、学校で働く人に、積極的に知りたいことを尋ねてメモを作り、学級のみんなに知らせていました。

学習の進め方を丁寧に読み、教材「おもい出のアルバム」の学習の見通しをもつことができました。経験したことや見たことを思い出して、分かりやすい文章を書くことができました。

物語「お手がみ」を登場人物の気持ちや様子の変化に気を付けて、繰り返し読むことを通して、それぞれの場面の様子を思い浮かべながら、登場人物に**手紙**を書くことができました。

（2）算数に関わる所見文

◆「知識・技能」に関わる文例

特性キーワード 　正しく計算できる／正しく数えられる／正しい時刻を言える／見直しをする習慣が身に付いている／図形の分類ができる

たし算の学習では、たし算を使う場面を適切に判断し、式に表すことができました。数字をきれいに書くので計算間違いがなく、正確に問題を解くことができます。

ひき算の学習では、ひき算の意味をよく理解し、正しくブロックを動かすことができていました。どの問題も丁寧かつ正確に計算する習慣が身に付いています。

面積の学習では、広さ比べを行いました。重ねたり端をそろえたりして比べればよいことを理解し、さまざまな物の面積を正しく比べることができました。

大きい数の学習では、40より大きい個数を数えました。10ずつまとめて数える方法を使って、10のまとまりを丸で囲み、正しく数を数えることができました。

時計の学習では、時計の時刻の読み方を正しく理解できています。また、友達と問題を出し合いながら解いたり、先生が伝えた時刻に針を合わせることも、難なくできました。

仲間づくりと数の学習では、物と物とを対応させることによって、物の個数を比べられることをよく理解し、絵を線でつなぐなどして数を比べることができました。

「なんばんめ」の学習では、「前から何人」と「前から何人目」の違いをよく理解し、正しい個数や順番を答えることができました。また、違いについて友達に教える姿が見られました。

「いくつといくつ」の学習では、1つの数を他の数の和や差として見るなど、他の数と関連付けて考えられました。また、算数ジャンケンでは、素早く正確に答えられました。

10より大きい数の学習では、100になる位取りの仕組みを理解することができました。ブロックを使って99に1を加えたり、10の束を10個集めたりして100をつくることができました。

長さの学習では、さまざまな物の長さを比べました。ますいくつ分かで大きさを比べることのよさをよく理解し、ますの数で長さを表したり、比べたりすることができました。

繰り上がりのある**たし算**の学習では、10のまとまりを作ればよいことをよく理解し、正確に素早く計算することができました。解き終わった後は、見直しをする習慣も身に付いています。

形遊びの学習では、身の回りにある物を形と特徴から仲間分けしました。それぞれの特徴によく気付き、根拠を明らかにした上で分類することができました。

繰り下がりのある**ひき算**の学習では、10のまとまりから引けばよいことを理解し、正確に問題を解くことができました。また、問題を解いた後の見直しも徹底できています。

仲間づくりと数の学習では、個数を比べる学習をしました。教師と一緒に絵を線でつないで物と物とを対応させたところ、物の個数が比べられることを理解し、数を比べることができました。

「なんばんめ」の学習では、「前から何人」と「前から何人目」の意味の違いを理解するのに苦労しましたが、一緒に数えて指導したことで理解することができ、個数や順番を正しく表していました。

「いくつといくつ」の学習では、カードやおはじきを使ったゲームを繰り返し行うことで、1つの数を他の数の和や差として見るなど、他の数と関連付けて考えられるようになりました。

たし算の学習では、たし算の場面をブロックを一緒に動かすなどしたところ、式に表すことができました。また、答えの導き方が分かってきたようで、自信をつけている様子がうかがえます。

長さの学習では、さまざまな物の長さを比べました。ますいくつ分かの数え方を理解するまで時間がかかりましたが、諦めずに取り組んだ結果、ますの数で長さを表したり比べたりすることができました。

形遊びの学習では、身の回りにある物を形と特徴から仲間分けしました。友達の分け方を参考にしながら分類することを通し、形の特徴に気付くことができました。

◆「思考・判断・表現」に関わる文例

特性キーワード 式に表すことができる／自分の考えを説明できる／考えをノートにまとめられる／図を用いて説明できる／説明しながら分類できる

たし算とひき算の学習では、問題文をよく読んで式に表すことができました。また、その式になった理由を図にかくなどして、友達に分かりやすく説明することができました。

面積の学習では、広さ比べを行いました。試行錯誤する中で、重ねたり端をそろえたりして比べればよいことに気付き、友達にその方法を説明することができました。

大きい数の学習では、40より大きい個数を数えました。早く正確に数える方法を考え、10ずつまとめて数えればよいことに気付き、友達に分かりやすく教えることもできていました。

時計の学習では、「何時何分」など細かい時刻の読み方を覚えました。「何時に何をしている」など、自分の1日の生活と時刻とを結び付けて考えることもできています。

長さの学習では、さまざまな物の長さを比較しました。テープに長さを写し取れば、正確に長さを比べることができることに気付き、クラスのみんなに分かりやすく説明できました。

たし算の学習では、繰り上がりのあるたし算の仕方について考えました。10のまとまりを作る方法に気付き、考えをノートにまとめ、ブロックを動かして友達に考え方を説明していました。

形遊びの学習では、身の回りにある物を形と特徴から仲間分けしました。それぞれの特徴をとらえ、仲間分けした物に名前を付けて説明をしながら分類することができました。

繰り下がりのあるひき算の学習では、計算の仕方を考え、言葉や式などをノートに分かりやすくまとめていました。自分の考えをブロックを使って説明することもできました。

大きい数の学習では、2けたの数え方や読み方、書き方などについて考えました。そうして学習したことをみんなの前で発表し、友達の学習理解をうながすことができました。

大きい数の学習では、1から100までの数の並び方について考えました。位の数字に着目して、数の並び方のきまりを考え、友達に説明することができました。

大きい数の学習では、「何十」＋「何十」、「何十」－「何十」の計算の仕方について考えました。10を単位として考えればよいことに気付き、図を描いて説明することができました。

形づくりの学習では、数え棒や色板を使っていろいろな形を作ることができました。また、点と点をつないでさまざまな形を書くことができ、友達を感心させていました。

たし算の学習では当初、繰り上がりのあるたし算の学習に苦労をしていましたが、毎日一緒にブロックを動かす中で10のまとまりを作る方法に気付き、理解を深めることができました。

繰り下がりのあるひき算の学習では、計算の仕方をブロックなどを動かして考えました。友達の説明を参考にしながら、自分の考えを説明することができるようになりました。

大きい数の学習では、1から100までの数の並び方について考えました。位の数字に着目するよう助言すると、数の並び方のきまりを見つけることができ、友達に説明していました。

「何十」＋「何十」や「何十」－「何十」の計算の仕方を考える授業では当初、大きな数の計算が苦手でしたが、10をひとまとまりとして見ることを教えたことで、正しく解けるようになりました。

図を使って考える課題では、図の見方を理解することで、立式したり答えを導く方法を自分で考えたりすることができました。そのような式になった理由を、図を用いて説明していました。

形遊びの学習では、身の回りにある物を形と特徴から仲間分けしました。友達の説明が参考になったようで、形の特徴をとらえられるようになり、説明をしながら分類していました。

◆ 「主体的に学習に取り組む態度」に関わる文例

特性キーワード 積極的に発言／主体的に学習に取り組む／楽しみながら学習する／意欲的に計算／すすんで課題に取り組む／諦めずに取り組む

「なんばんめ」の学習では、「前から何人」と「前から何人目」の違いをよく理解し、正しい個数や順番を積極的に答えていました。意味の違いを友達に教えることもできました。

「いくつといくつ」の学習では算数ジャンケンをして、「グーたすチョキは2」になるなどのゲーム活動を通して楽しく数についての理解を深めることができました。

「いくつといくつ」の学習では、数カードやおはじきを使ったゲームを友達と楽しんでいました。1つの数は、他の数の和でできていることなどに気付き、友達に分かりやすく伝えていました。

たし算の学習では、さまざまなたし算の場面の絵をブロックに置き換え、主体的にブロックを動かしていました。また、その場面をブロックを動かしながら友達に説明していました。

10より大きい数の学習では、ブロックを上手に操作して10のまとまりをつくることができました。さらには班の仲間と協力して、10〜100まで自分たちで考えてつくることができました。

10より大きい数の学習では、10より大きい数の表し方をよく理解し、絵の数を積極的に数字で表したり、数字をブロックで表したりするなど、楽しみながら学べていました。

繰り上がりのあるたし算では、10のまとまりを「のっぽの父（10）さん」と語呂合わせで覚え、10のまとまりをつくればよいことを楽しみながら理解し、意欲的に計算問題に取り組めました。

繰り上がりのあるたし算の学習では、10のまとまりを作ればよいことをよく理解し、意欲的に計算問題に取り組んでいました。解き終わった後には、指示をされなくとも自ら見直しをしていました。

形遊びの学習では、身の回りにある物を形と特徴から仲間分けしました。友達と話し合いながら、持ってきた容器を意欲的に仲間分けする中で、特徴に気付くことができていました。

繰り下がりのあるひき算の学習では、計算の仕方を考えました。意欲的にブロックを動かして考え、自分の考えを丁寧にノートにまとめ、その内容を友達に分かりやすく教えていました。

繰り下がりのあるひき算の学習では、10のまとまりから引けばよいことを理解し、「さくらんぼ計算」が瞬時にできるようになりました。友達と問題を出し合いながら解き合う姿も見られました。

大きい数の学習では、2けたの数について学習しました。ブロックを並べて数字に置き換えたり、大きい数を数えるなど、自らすすんで課題に取り組むことができていました。

大きい数の学習では、1から100までの数の並び方について考えました。数の並び方のきまりをいくつも見つけ、自分から友達に説明するなど意欲的な姿勢が見られました。

大きい数の学習では、「何十」＋「何十」、「何十」－「何十」の計算の仕方を考えました。式や図、言葉などを使って、いくつもの考えをノートにまとめるなどして意欲的に学習できました。

形づくりの学習では、数え棒や色板を使っていろいろな形を作ることを楽しみ、友達にすすんで紹介していました。点と点をつないで描いた絵の数は学級で一番でした。

図を使って考える学習では、図の見方や書き方が理解できるようになると、立式したり答えを導く方法を自分で考えたりと、意欲的に学習する姿勢が随所に見られました。

「なんばんめ」の学習では、「前から何人」と「前から何人目」の違いの理解に苦しみましたが、印を付けたり一緒に数えたりすることによって理解が深まり、解けるようになりました。

苦手意識のあった「いくつといくつ」の学習では、数カードやおはじきを使ったゲームを友達と楽しみながらしているうちに理解が深まり、主体的に取り組めるようになりました。

消極的だったたし算の学習では、たし算の場面の絵をブロックに置き換えて一緒に動かしたことで理解が深まり、積極的にブロックを動かしたり、式に表したりしていました。

繰り上がりのあるたし算の学習では、10のまとまりをつくって計算することに時間がかかっていましたが、諦めずに粘り強く練習問題に取り組んだことで、集中して解けるようになりました。

形遊びの学習では、身の回りにある物を形と特徴から仲間分けしました。当初は作業が進まない様子でしたが、友達と話し合いながら容器を仲間分けする中で、特徴に気付くことができました。

繰り下がりのあるひき算の学習では、計算の仕方が理解できるようになったことで練習問題にも意欲的に取り組むようになり、解くスピードも速くなりました。

3 「学習面の特性」に関わる文例
（3）生活科に関わる所見文

◆ 「知識・技能」に関わる文例

特性キーワード 観察記録を書ける／工夫してモノづくり／時間を決めて取り組める／自分の見つけたことを発表／質問ができる

　2年生との**学校探検**を通して、学校内の教室や設備を使用する際にはなぜ決まりがあるのかを2年生と一緒に考え、安全性と公共性があることに気付きました。

　2年生と共に**学校探検**したとき、給食室の様子をよく見ていました。**給食**を作る人がいることを知り、調理員さんという言い方を覚えて、呼ぶことができました。

　2年生との**学校探検**を通して、学校内にはたくさんの教室や設備があること、それらはみんなが決まりをを守って使っていることなどに気付くことができました。

　給食室の様子に関心をもち、タブレット端末で撮影してきた映像をペアの2年生と一緒に見て確認し、もっと知りたいことを次のめあてとして積極的に見つけていました。

　学校の見回りをしている「にこにこ防犯隊」の人の自分たちへの気持ちに気付き、「なんかおはようって言いたくなった」と、自分の気持ちの変化を**発表**できました。

　「あさがおだいすき」の学習では、大好きなところをタブレット端末で撮影・記録し、それを見ながら丁寧に絵や文で描くことで、朝顔を大切に育てたいという気持ちをもち続けていました。

　「はるみつけ」では、校庭の花壇にはたくさんちょうがいたことや、竹林にはすぎなが育っていたことなどの動画を大型画面に映しながら**発表**し、図鑑を使って名前や特徴も紹介できました。

「あさがおだいすき」の学習では、双葉から本葉が出るときに茎の色が赤くなることや、本葉には小さな毛が生えていて触るとざらざらすることを３Ｄ図鑑で確認していました。

「なつだ　とびだそう」ではタブレット端末で大きなシャボン玉の作り方を調べ、針金で大きな輪を作り、針金の太さや硬さを気にしながら何度も試し、大きなシャボン玉を作ることに成功しました。

「なつだ　とびだそう」では、造形砂場で砂遊びをしました。園での経験を生かして、泥団子の作り方を友達に詳しく教え、友達と共に成功し、うれしそうでした。

「かぜであそぼう」では、パラシュートを本で見て、絵で設計図を作り、紙よりも丈夫なビニール袋を使って自分でパラシュートを作り、遊ぶことができました。

「あきといっしょに」の学習では、どんぐり遊びの発表会で看板や説明マニュアルを作ると来た人にやっていることが伝わると気付き、自主的に準備することができました。

「あきであそぼう」の学習では、遊びの**発表会**用の看板や説明マニュアルを作ると、来た人にやっていることが伝わると気付き、自主的に準備することができました。

班の友達と**学校探検**に取り組みました。次のめあてを活動の前に再確認し、タブレット端末でお互いに撮影したものを見せ合うことでさまざまな課題に気付き、めあてを修正することができました。

「なつだ　とびだそう」では、**シャボン玉**の表面を動画で撮り、美しい模様や動きに着目できたことから、割れない液をつくりたいと思うことができました。

「かぜであそぼう」では、何度もビニール袋を投げ上げて飛ばすことを楽しみました。最後に、おもりを付けるとふわりと落ちてくることを動画で撮り、大きな気付きがありました。

「あさがおだいすき」では、日に当たると朝顔がしおれていく様子を動画で見たことから、**水やり**の大切さに気付き、時間を決めて取り組めるように支援し、実践できてきました。

家族の一員としてどのようなお**手伝い**ができるのか、家庭内での写真撮影のご協力をいただき、それを見て靴をそろえたり皿を**片付け**たりするなど、できると思うことを見つけることができました。

◆「思考・判断・表現」に関わる文例

特性キーワード 自身が学習したことを発表／観察カードに工夫して記録／予想を立てて学習／動きを取り入れて表現

家族の一員としてどのような**手伝い**ができるのかを話し合ったところ、友達の発言から自分のことをきちんとすることも大切だと気付いて、忘れ物をなくそうと話していました。

「ふゆとともだち」では、春と夏では生き物がたくさん出てきて元気に過ごしているので、人間も同じように季節によって暮らし方に違いがあるのではないかと、探究する視点を見つけました。

春と夏は生き物がたくさん地上に出てきて元気に過ごしていることに気付いたことから、人間も同じように春と夏は元気良く過ごしているのではないかと考えました。

どんぐりコースターを作り、どんぐりを落とすスタート場所の位置を友達と協力して何度も試して調整していました。落ちる速さや勢いの違う2カ所の入り口を完成させました。

「あめのひわくわく」では、季節の変化や季節の自然に関心をもちました。春と雨季の植物や昆虫を比較して気付いた違いについて**発表**し、みんなの理解を深めました。

「みんなのにこにこだいさくせん」では、**手伝い**をしたときの家の人の言葉とその様子に気付き、自分が褒められるときは自分も家の人もにこにこになることを**発表**しました。

「いきものだいすき」では、初めはうさぎに触れませんでしたが、飼育委員の人に抱き方を教えてもらうと、安心してうさぎを抱いて、その体の温かさを感じることができました。

「いきものだいすき」では、３Ｄ図鑑で育て方を調べ、大きなカマキリを２カ月も継続して飼育できました。餌を狙う動きや餌の食べ方の映像を見て**観察カード**に詳しく書き、大切に育てていました。

「いきものだいすき」では、ダンゴムシの絵本の読み聞かせから、学校のどこにいるかを予想し、**休み時間**に探しに出掛けていました。足元のダンゴムシを踏まないように気を付けていました。

「もうすぐ２年生」では、学校を見に来る園の人たちに、ランドセルの**片付け方**を教えるための説明台本を作りました。動画を撮り合ってリハーサルをし、自信をもって伝えることができました。

「なつだ　とびだそう」では、夏の楽しいことを３人で話し合い、伝えたいことを考えてお話を作り、練習を動画に撮っては確認し、声の大きさや態度についてより良く表現できました。

「なつのはっぴょうかい」では、**プール**で遊んだときの様子を伝えるためにペープサートを選びました。３人で伝えたいことを考えてお話を作り、水の気持ち良さを動きを入れて表しました。

「あきであそぼう」では、自分が作りたいものを決めるのに時間がかかりました。幾つか例を出し、友達のアドバイスも聞いて心が動き、「**どんぐりコースター**」に取り組めました。

「いきものとなかよし」では、バッタをたくさん捕まえる名人でした。虫かごにたくさんいるので虫たちが窮屈ではないかなと考え、育て方を教師と一緒に調べました。

「なつだ　とびだそう」では、夏ならではの風物を伝えたい気持ちは大きな気付きでした。タブレット端末で動画やイラストを集めてテレビ画面に映す紙芝居にして**発表**し、拍手をもらいました。

「いきものとなかよし」では、普段からクワガタを手に乗せて動きや特徴をよく見ているので、そこで気付いたことを**発表**したり、世話の仕方を伝えたりできるように、話し方を支援しました。

「もうすぐ2年生」では、学校を見に来た園の人たちを案内する1回目の後の振り返りで、歩く速さも大切なのだと気付きました。友達と一緒に学ぶ姿勢が少しずつ身に付いてきました。

◆ 「主体的に学習に取り組む態度」に関わる文例

特性キーワード 自らのアイデアを積極的に提案／新聞にして発表／校内の人にインタビュー／何事も意欲的に挑戦できる

毎日の**登下校**を振り返り、通学路の安全を守ってくれる人たちがいることを**発表**しました。そこからそれはなぜだという疑問をもち、**インタビュー**をする活動につながりました。

「なつだ　とびだそう」では、しゃぼん玉の色研究室を開設し、絵の具、食紅の色の加減をペットボトルで見えるようにして、配合を楽しみました。できた色を写真で必ず保存していました。

「かぜをつかまえて」では、パラシュート大会を開いてみんなで競い合いたいと提案し、ルールも積極的に考え、みんなで遊びを楽しみました。みんなで考えて課題に向かう力が発揮できました。

「あさがおだいすき」では、たくさんできた種について話し合いをしました。交流に来る園の人にあげたら喜ぶだろうという考えを聞いて納得し、さらにお**手紙**をつけようと提案していました。

「もうすぐ2年生」では、新1年生のために自分たちでできることを話し合いました。自分たちの入学式を思い起こし、学校のことを絵に描いて教えてあげたいという活動を提案しました。

「しゃぼんだまけんきゅうじょ」では、大きなシャボン玉を作りたいとの目標をもち、何度も繰り返し液の濃度を変え、枠にするひもの長さを調整し、大きなシャボン玉を完成させました。

「もうすぐ2年生」では、学校を見に来た園の人たちを案内する1回目で、歩く速さも大切だと気付きました。常にうしろを振り返りながらはぐれないように案内することができました。

「いきものだいすき」では、**休み時間**ごとにうさぎ小屋を見に行きました。飼育委員の世話をよく見ていて、分かったことやかわいいなと思ったことを新聞に表しました。

「あきであそぼう」では、**どんぐりマラカス**を数種類作り、音の違いがあることからおすすめの言葉を考えて、遊びに来たお客さんが曲に合わせて選べるように準備しました。

「いきものだいすき」では、大好きなカマキリやバッタのことを**発表**するには、クイズ形式がよいと提案しました。カマキリの前足の模型を作り、動かしながら説明することができました。

「あきであそぼう」では、公園で友達と秋を見つけることができるように、桜の木の葉や原っぱの草の色が変化していることに目を向けてから、変わってきているものを探すことができました。

「あきであそぼう」では、どんぐりを使った遊びを考えることに時間がかかりました。グループの友達の誘いがうれしくて、**どんぐりゴマづくり**に挑戦することができました。

「あさがおだいすき」では、アサガオの世話に興味がもてるように、一緒に写真を残していきました。その後、もう一度目で見ることで成長の変化に気付きました。「お花はかわいいよ」と**発表**していました。

「あきであそぼう」の遊びの**発表会**ではどんぐりゴマコーナーの担当でした。遊び方を伝えるために、タブレット端末で台本を作ることで、**笑顔一杯**に自信をもって役割を果たせました。

「がっこうだいすき」では、校内で働いている用務員さんや調理員さんの顔をタブレット端末で確認し、**休み時間**に担任と一緒に尋ね、お話をしました。名前と顔がつながるとうれしそうでした。

3 「学習面の特性」に関わる文例
（4）音楽に関わる所見文

◆「知識・技能」に関わる文例

特性キーワード 大きな声で歌唱／上手に手拍子／リズムに乗って演奏／リズム譜を読める／歌詞の内容を生かした歌い方

入学してから6年生に習った**校歌**を一生懸命歌っています。いつも、大きく口を開けて、自分の歌声を大切にしています。歌詞が伝わるように丁寧に発音しながら歌うことができました。

鍵盤ハーモニカの分担奏では、互いのパートや伴奏の音をよく聴いて、音を合わせながら**演奏**することができました。また、リズムに興味をもち、**リズム譜**を見ながら上手に手拍子を打っていました。

演奏をすることが好きで、いつもリズムに乗りながら楽しそうに演奏しています。「きらきらぼし」ではリーダーシップを取りながら楽器を鳴らし、周りの友達にも良い影響を与えています。

音符、休符の働きを理解し、**リズム譜**を的確に読み取ることができています。同時に歌や**合奏**のときにも表情豊かに表現しています。**音楽会**では多くの保護者の前で堂々と**演奏**できました。

デジタル教科書を活用しながら、「きらきらぼし」を階名で**暗唱**することができています。また、伴奏にも耳を傾けて、テンポに合わせながら、積極的に**演奏**する姿勢が見られます。

器楽の学習では、**鍵盤ハーモニカ**で「こいぬのマーチ」を正しい指使いで演奏することができました。「ことばでリズム」の学習では、言葉の特性を理解して上手に表現していました。

鍵盤ハーモニカを使って「こいぬのマーチ」の練習に励みました。当初は鍵盤の位置と指番号が対応できませんでしたが、演奏を録音して再生することで頑張る気持ちが出てきました。

「やまびこごっこ」では、友達と大きな声を出し合う姿が見られましたが、山びこをイメージするように助言したことで、声の強弱を試したり、体の動きを加えたりすることができました。

季節の歌を歌う学習では、歌詞から様子を想像することに難しさを感じていましたが、タブレット端末を使って動画を見たことで、歌詞の内容を生かした歌い方ができるようになりました。

◆ 「思考・判断・表現」に関わる文例

特性キーワード 曲を聴いて感じたことを表現／表情豊かに歌唱／恥ずかしがらずに表現／歌の表現の仕方を工夫

「ラデツキー行進曲」の学習では、音楽に合わせて身体を動かしながら聴くことができました。また、曲を聴いて感じたことを自分なりに表現するなど、豊かな表現力を発揮しました。

「うみ」を歌うときには、身体で三拍子のリズムを取りながら表情豊かに歌っています。自分の思いを歌に乗せて、恥ずかしがらずに表現できるところが○○さんの素晴らしいところです。

「人形の夢と目覚め」の学習では、情景を思い浮かべながら、音楽を味わって聴くことができました。また、曲を聴いて感じたことを自分なりに表現するなど、豊かな表現力を発揮しました。

鑑賞「おどる子ねこ」の学習では、曲に合わせて体を動かしたり指揮を真似たりしました。曲を味わって聴いている姿からも、音楽の楽しさを感じながら学べている様子がうかがえます。

「手のひらをたいように」の学習では、**鑑賞**の活動を通して感じたことを生かして、表現を工夫することができました。全身を使って元気いっぱいに表現する姿が印象的でした。

「しろくまのジェンカ」の学習では、リズムに合わせて体を動かしながら、音楽を楽しく聴くことができました。また、聴いて感じ取った曲想をもとに、歌の表現の仕方を工夫しました。

色々な楽器を合わせたり、友達と相談して工夫したりしながら音を作り、楽しそうに**音楽づくり**をしました。今後も豊かな発想を得てさらに関心を高めていくことを期待しています。

「ほしぞらのおんがく」では、友達と一緒に作った旋律を楽しそうに聴いている姿が印象的でした。友達の鳴らした音を真似しながら、少しずつ自分の思いを表現できるようになってきました。

旋律づくりの学習では、友達と一緒に楽しそうに楽器を使って表現することができました。使った楽器を大切に元の場所に**片付ける**ことができるように声掛けをしていきます。

◆ 「**主体的に学習に取り組む態度**」に関わる文例

特性キーワード 向上心をもちながら活動／大きな声で歌唱／友達に教えてあげる／音楽への関心が高い／新しい歌を次々と覚える

鍵盤ハーモニカの学習では、向上心をもちながら学習に取り組むことができました。**休み時間**に友達と一緒に練習をしたり、動画を撮って聴いたりして、上手に**演奏**できるようになりました。

「日本のうたを楽しもう」の学習では、**わらべ歌**の楽しさを感じ取っていました。友達と**手遊び**や絵かき歌などを体験し、普段はあまり聴かない音楽に親しむことができました。

初めて聴く曲でも積極的に声を出し歌っています。階名にも親しみ、ドレミで「かえるのがっしょう」を歌いました。**鍵盤ハーモニカ**の指使いを困っている友達に教えてあげてもいました。

リズムアンサンブルの学習では、**授業**で学んだことを生かし、生活の中にあふれているリズムをたくさん見つけて教えてくれました。音楽に対する関心の高さがうかがえます。

「うたでなかよしになろう」では、教科書のさし絵から見つけた歌を歌いました。「ぞうさん」はおしゃべりするように歌おうかな、優しく答えるように歌おうかなど自らすすんで工夫しました。

音楽の学習では、特に「歌唱」に興味をもって主体的に取り組んでいました。新しい歌も次々と覚える姿には目を見張るものがあります。この１年間で愛唱歌がいっきに増えました。

音楽会の練習では当初、周りの歌声や伴奏に集中できていない様子がうかがえました。歌が好きな気持ちは出ているので、今後はみんなで合わせること、歌うことに関心をもてるよう支援していきます。

「うみ」では友達と歌や言葉で交流しました。友達の思い出を聞いて共感するのは難しかったようですが、みんなと一緒に歌うときには歌の表現に生かそうと助言しました。

「音をさがしてあそぼう」では呼び掛けと答えの面白さを生かして、声遊びをしました。なかなか自分で作ることができませんでしたが、友達の真似をしようとする姿が見られました。

3 「学習面の特性」に関わる文例
（5）図画工作に関わる所見文

◆ 「知識・技能」に関わる文例

特性キーワード 道具を適切に使える／適した画材を適切に選べる／伸び伸びと表現できる／材料を適切に使い分けられる

「はってかさねて…」では、さまざまな色の丸シールを貼り重ねることを通して、大きさの違うシールを重ねたり、丸シールを切って半分にしたり、いろんな方法を試しながら工夫していました。

「おはなしからうまれたよ」では、クレヨンやペンなどを、絵に表したいことに合わせて選んで描いていました。クレヨンを重ねて塗ると違う色になることに気付き、表現を楽しみました。

「さわってかくのきもちいい！」では、友達と自分の気に入った色を交換したり、描き方を聞き合って試し合ったりできました。友達との関わりを通して指や手の感覚を働かせ、工夫して表せました。

「いっしょにおさんぽ」では、**粘土**の使い方にも慣れ、ひねり出して人の手足を作ったり、細かい顔の部分や服の模様を楊枝で描いたりして、動きのある楽しい作品を作ることができました。

「すきなものいっぱい」では、みんなに紹介したい好きなものがどんどん浮かび、画用紙いっぱいに描いていました。描きたいものに合わせて迷いなく色を選び、伸び伸びと表現する姿が印象的です。

「ひかりのくにのなかまたち」では、今までの経験を生かし、材料によってテープと接着剤を使い分け、上手に着けることができました。うまく接着できない友達に優しく教える姿も見られました。

「チョッキンパッでかざろう」では、苦手意識のあるはさみも教科書のQRコードで動画を見たことでコツをつかめました。折り方や切り方を何度も粘り強く試し、体験から学ぶことができました。

「はってかさねて…」では、薄いお花紙にちょうど良いのりの量を何度も試して発見し、ぎゅっと固めたいときとふわっとさせたいときとで使い分けることができるようになり、活動の幅が広がりました。

「かみざらコロコロ」では、材料の接着の方法に悩み、ヒントコーナーに何度も足を運んでいました。試行錯誤しながら、材料によってのり、ボンド、テープを使い分け、上手に接着できました。

「みて、さわって、かんじて」では、初めは色や大きさの違いに目が向いていました。手や体全体の感覚を働かせるうちに、感触や光の通し方などの違いも、体験的に感じ取ることができました。

◆ 「思考・判断・表現」に関わる文例

表現の楽しさを味わえる／伸び伸びと表現を楽しめる／独創的な表現ができる／試行錯誤をする

「ならべてならべて」では、身の回りの材料の造形的な面白さや楽しさについて感じ取り、振り返りカードに書くことができました。最後にはクラス全員で一つの作品になったことを喜んでいました。

粘土が大好きで「ごちそうパーティーはじめよう！」では、まるめたり、のばしたり、つつんだりしながら形を考えていました。形や色の違う独創的なお寿司やケーキを作ることができました。

「カラフルいろみず」では、色水を混ぜたらどうなるかに興味をもち、少しずつ変化する色を作ることができました。できた色水を仲間の色で並べて、友達から「キレイ」と言われうれしそうでした。

「せんのかんじいいかんじ」では伸び伸びと表現を楽しみ、思いが伝わるように題名を「ぐるぐる遊園地で遊んだよ」にしました。友達の題名にも興味をもち、作品を楽しんでいる様子がうかがえました。

「うきうきボックス」では、丸い箱の形とふたの動きを生かして、箱を楽しく変身させることができました。箱を何度も動かして、アイデアを思いついたときはうれしそうな表情をしていました。

「スタンプ、スタンプ！」では、いろいろな身辺材料でできる形を楽しみ、「これはどんな形になるかな」「次はどこにスタンプしようかな」などと友達と豊かに学び合う姿が見られました。

「ふわふわゴー」では、作っては風を当てて試し、試しては作り替え、また試すを何度も繰り返す姿が印象的でした。おもりを工夫してうまくいったときは、とてもうれしそうでした。

「やぶいたかたちからうまれたよ」では、イメージが湧かず活動が止まる場面がありました。タブレット端末でWeb上の「みんなの図工ギャラリー」を見て形がひらめき、素敵な作品を作れました。

◆「主体的に学習に取り組む態度」に関わる文例

特性キーワード 心を込めて描く／次々とアイデアを出す／興味をもって鑑賞／諦めずに最後まで取り組める

「クレヨンやパスとなかよし」では、こすって模様を写すことを何度も試して楽しんでいました。休み時間にも校庭でたくさん試して、気に入った模様を作品に生かしていました。

「こころのはなをさかせよう」では、「どんな色がいいかな？」と１年生を想像しながら心を込めて描いていました。こすって写したり、ぼかしたり、今までの学習を生かして描くことができました。

「すきまちゃんのすきなすきま」では、すきまちゃんの視点で隙間を見つけました。タブレット端末での撮影も上手でした。画像で紹介し合う活動では、友達の見つけた隙間の面白さに気付けました。

「ひらめきコーナー」では友達の作品の面白さに気付き、それを自分の作品にも生かしていました。作った物を使って**休み時間**に友達と遊び、さらに工夫を加えるなど独創性を発揮していました。

「かざってなにいれよう」では、**生活科**で拾ったどんぐりを入れるために、材料集めをしました。飾り付けなどをキラキラした目で考えながら、独創的な作品を作っていました。

「みてみて、いっぱいつくったよ」では、**粘土**の心地良い感覚を味わいながら大好きな**動物**をたくさん作り、みんなに見せてくれました。友達と作品を認め合う姿が、とても印象的でした。

「さらさらどろどろいいきもち」では、砂場でどろどろになっている友達の楽しそうな様子を見て、徐々に参加できるようになりました。最後には土の触り心地を体全体で味わい、土と仲良くなれました。

「はこでつくったよ」では、恐竜が立たず、足の接着や箱の組み合わせに苦労していました。諦めず材料を変えながら何度も試し、強そうな恐竜ができたときの表情は自信に満ちていました。

「おってたてたら」では、事前にタブレット端末で流れを知ることで、学習の見通しがもてるようになりました。また、途中で友達と頻繁に交流することで、安心して取り組めるようになりました。

　４月は作品ができると満足していましたが、学習の見通しがもてるようになってから、活動が広がりました。「おってたてたら」では切り方や目の位置を工夫し、みんなの手本となりました。

（6）体育に関わる所見文

◆ 「知識・技能」に関わる文例

特性
キーワード

タイミングよく跳躍／逆さ感覚に優れている／安定した跳躍／巧みなドリブル／
全身を使って表現

体育の「**跳び箱遊び**」では、跳び箱への「跳び上がり」を行う際、友達が大きく膝を上げていることに気付き、同じように上げる努力をしていました。その結果、高い「跳び上がり」ができました。

体育の「**折り返しリレー遊び**」では、折り返すときになるべく大きく膨らまないように速度を調整することができ、チーム全体のタイムを縮めるのに貢献しました。

体育の「**水遊び（プールの運動）**」で、「けのびバタ足」に挑戦しました。姿勢を真っ直ぐに保ち、伸びやかで推進力のある「けのびバタ足」を行うことができました。

体育で行った「**新体力テスト**」の立ち幅跳びで力を発揮しました。全身のバネを使ってタイミングよく跳躍することで、見事170cmを跳ぶことができました。

体育の「**マット遊び**」では、逆さ感覚に優れているため、倒立系の技をたくさん成功させることができました。特に背支持倒立では、肩から腰まで一直線の素晴らしい出来栄えでした。

体育の「**なわとび**」では、前跳びや駆け足跳びなどを行った際、姿勢を真っ直ぐに保ち、安定した回転で跳び続けることができました。友達の前で手本を示し、称賛されました。

休み時間もサッカーをして遊んでいるほどサッカーが大好きなため、体育の「サッカー遊び」では、巧みなドリブルでディフェンスを抜き、得点を重ねていました。

持久力に優れ、**ガンバリタイム**などで努力を継続した結果、**持久走大会**で1位になることができました。一番になりたいという目標を目指して頑張ったことが実を結びました。

体育の「ドッジボール」の学習で、持ち前の投力を生かして速いボールを投げ、たくさんヒットさせることができました。点をたくさん取って、うれしそうでした。

体育で行った「固定施設遊び」では、**うんてい**を最後まで渡りきることができました。1本飛ばしでスムーズに渡っていく姿は友達の良き手本となり、周囲から称賛されていました。

体育の時間や**休み時間**に、前跳びの練習に一生懸命取り組みました。その結果、今までの自己最高記録を上回ることができて、本人もとても満足している様子でした。

体育の「**表現あそび**」で、飛行機の羽の役割を演じました。大きく全身を使って表現し、その様子を友達から称賛されていました。**休み時間に**も表現あそびをして楽しむようになりました。

体育の「固定施設遊び」では**登り棒**に苦手意識があったため、高さを色別に分けた登り棒に挑戦しました。色で目標が明確になったことで、少しずつ登れる高さを伸ばしていくことができました。

水に対する苦手意識がありましたが、体育の「**水遊び（プールの運動）**」で、水に慣れる運動を繰り返した結果、少しずつ顔を水面につけられるようになってきました。

体育の「**跳び箱あそび**」で「**踏み越し跳び**」を行った際、最初は跳び箱に恐怖心があったようですが、低い段数から挑戦してみた結果、跳び乗る感覚が少しずつ分かるようになりました。

体育の「**サッカー遊び**」では、最初は上手にボールを蹴ることができませんでしたが、友達から優しくパスを受け取ることを繰り返した結果、少しずつボールを操作できるようになってきました。

◆ 「思考・判断・表現」に関わる文例

考えながら運動できる／工夫して活動／友達の前で発表／状況を考えて行動／友達の表現の良さに気付く

体育の「ボール蹴りゲーム」では、ボールを真っすぐ蹴るためには足の当てる場所が大切であることに気付き、何度も練習を繰り返しました。その結果、的に当たる回数が多くなりました。

体育で「幅跳び遊び」を行った際、跳躍が低いとその分着地も早くなってしまって遠くへ跳べないことに気付き、その後はなるべく高さを意識して跳ぶことができました。

体育の「折り返しリレー」では、ミニハードルや段ボールを置く場所をチームごとに話し合った結果、自分たちの走りやすい間隔を考えて置くことができていました。

体育で行った「ミニハードルリレー」では、あまり高く飛ばずに走り越えるイメージをもったことで、スピード感あふれる走りができ、友達に称賛されていました。

体育の「鬼遊び」では、鬼に捕まらないように鉄棒の後ろ側に回ったり、走っている中で、急に方向転換をするなどの工夫が見られました。そのため、なかなか捕まりませんでした。

体育の「かけっこ」では、教員から「腕の振りを意識してごらん」とアドバイスを受け、一生懸命に腕を振るようになったことで、タイムを縮めることができました。

体育の「的当てゲーム」では、なるべく近づいた方が的に当たりやすいことを理解し、友達にゴール前でパスをして、なるべく近い距離から当てるように工夫していました。

体育の「幅跳び遊び」では、「ケンパー跳び遊び」を行いました。ケンパーのリズムを自分で口ずさむことでリズミカルに跳ぶことができ、友達の模範となっていました。

体育の「固定施設を使った施設遊び」で、「平均台を使った運動あそび」を行いました。落下せずバランスをとるためには両手を広げるのが効果的だと気付き、最後まで渡りきることができました。

体育の「マット運動」では「かえるの足打ち」に挑戦しました。足よりも腰を上げると高い位置でたくさん叩けることに気付き、友達の前で**発表**することができました。

体育の「サッカー遊び」では、シュートをすればよいか、パスをすればよいか、状況をよく考えながら動くことができました。そうした戦略が得点につながり、喜んでいました。

体育の「リズム遊び」では、最初は緊張気味で表情が固かったものの、友達と一緒に振付を覚えることで徐々に楽しさを感じ、**笑顔**が見られるようになりました。

体育の「ミニハードルゲーム」では、障害物を置く間隔をチームで考えました。均等に置いた方が速く越えられることに気付き、友達の前で**発表**することができました。

体育の「表現あそび」では、友達の表現の良いところ探しを行いました。最初は友達の表現の良さを見つけるのが難しいようでしたが、繰り返し見ているうちにその良さに気付くことができました。

体育の「体ほぐしの運動」では、最初は友達との関わりを敬遠していた部分がありましたが、一緒に体を動かすと気持ちが良いことに気付き、楽しく運動できるようになりました。

◆「主体的に学習に取り組む態度」に関わる文例

自分なりに精一杯活動／チームをけん引／休み時間も練習／安全を意識／楽しみながら体を動かす

体育の「**鉄棒遊び**」では、逆上がりに挑戦しました。逆上がりを成功させるために、ダンゴムシで鉄棒にぶら下がる練習を繰り返し、ぶら下がる時間を伸ばすことができました。

ガンバリタイムでは、自分なりに精一杯のスタートダッシュを常に心掛け、先頭を切って走る姿が大変立派でした。その後ろ姿が友達の良き手本となりました。

体育の「**キックベース**」では、キャプテンとしてチームを引っ張りました。練習や試合が始まる前に、友達に気合いが入るように声を掛けている姿がとても印象的でした。

運動会で踊った「**創作ダンス**」では、**休み時間**に友達と協力しながら振り付けを覚え、本番に臨みました。本番では最後まで一生懸命踊ることができ、満面の笑みを浮かべていました。

体育で行った「**ゴム跳び遊び**」で2本のゴムをグーパー跳びで跳ぶ際、グーのときに足を縦にそろえることで、上手にゴムとゴムの間に入れることに気付き、繰り返し頑張っていました。

体育の「**鉄棒あそび**」では、「**前回り**」に挑戦しました。恐怖心からか最初はなかなか前に回転できませんでしたが、鉄棒の下にマットを敷いて**休み時間**も練習し、回転できるようになりました。

体育の「**跳び箱あそび**」では、跳び箱を運ぶ際に友達と協力して「せーの」と声を掛け、慎重に運んでいました。けがをしない工夫ができていて、周囲にも良い影響を与えています。

体育の「**マット遊び**」では、マットの四隅を協力して持ち、持つ部分を丁寧にマットの下にしまい込んでいました。安全に対する意識がしっかり根付いていて立派です。

体育の「**ミニハードルリレー**」では、障害物となる段ボールやミニハードルを友達と協力して持って来ることができました。置く際には、危なくないような配置も考えることができました。

体育の「**水遊び**」では、水中じゃんけんを頑張りました。水中でじゃんけんを行うために、目を開ける努力を継続して行い、その結果、友達と楽しく水中じゃんけんができました。

体育の「表現あそび」では、楽しみながら体を動かす様子が見られました。友達とぶつからないよう距離を考えて体を動かすなど、安全面に配慮する様子も見られました。

体育の「跳び箱遊び」では、最初は跳ぶ瞬間に躊躇してしまうことが多かったのですが、友達と馬跳びで高さを変えながら練習したことで、跳び箱をまたぎ越すことができました。

体育の「水遊び」では、水への恐怖心から最初は顔がつけられませんでしたが、学校での練習や家での挑戦を続けた結果、水面に顔をつけられるようになってきました。

体育の「的当てゲーム」では当初、勝ちたい気持ちが強く、負けを受け入れられないこともありましたが、時間の経過とともに勝敗へのこだわりを超えて、ゲームを楽しめるようになってきました。

体育の「サッカー遊び」では、最初はルールの理解が難しく、守れないことがありましたが、少しずつルールを覚えていった結果、友達と仲良く楽しめるようになりました。

3 「学習面の特性」に関わる文例
（7）特別活動に関わる所見文

◆「知識・技能」に関わる文例

特性キーワード 先のことを考えて行動／片付けができる／見やすくていねいに板書／友達に声掛け／自分の役割をしっかりと果たす

給食当番が工夫しながら仕事をしていることに、「ありがとう、給食当番さん」の学習から理解しました。学習後、自分が当番ではなくてもすすんで声掛けや片付けの手伝いをすることができました。

テレビ・スイッチ係となり、テレビ放送があるときには、先にカバーを外しきれいにたたむことができました。また、始まる前に見やすい位置に移動し、終了後の片付けまで忘れずに取り組みました。

掃除当番の床ふきでは、見落としがちなドアの溝を拭いてくれたり、床に鉛筆の跡があると、自分の消しゴムを出してきて消してくれたりと、自分からすすんできれいにしようとする姿が立派でした。

給食リーダーとして、給食を片付けるときには、乱雑になっていた牛乳パックをすすんで整えてくれたり、食べ終わった食器を集めてきれいに整頓して重ねたりと、次のことを考えた行動は立派でした。

校外学習では、グループのリーダーとしてみんなが素早く並べるようさっと手を挙げて先頭に立ちました。人数の確認を行い「○班、○人います」と、はっきり報告をすることができました。

学級会では、黒板記録係として一生懸命仕事をしました。出された意見をホワイトボードに大きく書いて貼ったり、意見を見やすく並べ替えたり、話し合いの流れを考えた仕事ぶりに感心しました。

登校後、自分の朝の準備が終わると名札を配ったり、まだ宿題を出していない友達に声を掛けて手伝ったりしていました。やるべきことが早く済ませられるようになり、行動にも余裕が見られました。

「1年生になって」の学習で、入学後にできるようになったことを確認しました。まだできていないことがあると気付き、頑張れることがある、もっとできるようになりたい、と意識を高めました。

学校生活に慣れてきたことで、掃除や給食などの自分の当番の仕事を少しずつ覚えてきました。自分のやるべきことを忘れずに取り組めるよう、引き続き励ましていきます。

係活動では、スケジュール係の仕事を頑張りました。翌日の予定を書き忘れたり、字を間違えたりすることもありましたが、係の友達と仕事を分担し、協力しながら取り組む姿が見られました。

学級会では、司会に挑戦しました。台本に沿って進めたり、手を挙げている友達に発表してもらおうと工夫したり、初めての司会に不安を感じながらも、努力する様子が見られました。

◆「思考・判断・表現」に関わる文例

> **特性キーワード** 工夫して活動／クラスのことを考えた仕事ぶり／友達と協力できる／見通しをもって行動／自信をもって発言

「気持ちの良いあいさつ」の学習で、どうしたらもっとみんながにこにこするようなあいさつができるかを考えました。「顔と目を見てあいさつしよう」とめあてを決め、毎日実践して立派でした。

クラスレクでは司会を担当しました。みんなとの遊びを楽しみながらも、時間の確認をしたり、タイマーをセットして知らせたり、時間内で楽しめるよう考えて活動する姿が素晴らしかったです。

おんがく係として、朝の歌や歯磨きタイム、イングリッシュソングのときには先にCDをセットし、すぐに始められるように一時停止をしておくなど、工夫して活動しました。

けんこう係として、自分から先に健康観察簿を届けに行ったり、流しやトイレのせっけんのチェックをして補充したり、先のことやみんなのことを考えた仕事ぶりでした。

あそび係では、クラスみんなで楽しめるにはどうしたらよいかを考え、全員遊びの計画やお楽しみ会の進行などを友達と協力してしっかり行うことができました。

学級会では、自分の意見と友達の意見を比べながらしっかりと聞くことができました。どちらがみんなにとってよいのかを考え、より良い方法を発表することができました。

子ども祭りでは、グループの友達と協力して楽しむことができました。地図を見ながら、どのような順番で回るか、次はどこへ行くかを考え、中心となって話すことができました。

朝読書の時間が終わった後、学級の本棚の本が乱れているのを見て、1冊ずつ順番を入れ替え、整理整頓していました。人から言われなくても自ら行動した姿はとても立派でした。

忘れ物を減らすための方法を「自分の持ち物」の学習から考えました。「連絡帳をきちんと書く」「寝る前の確認をする」という二つの目標で取り組んでいます。継続への励ましと支援を続けます。

日直の時には、**朝の会や帰りの会、授業の号令**を掛けました。声が小さくなってしまうこともあったので、何を言ったらいいかを教えながら、自信をもって言えるよう励ましていきます。

学級会では、自分の意見に決まらないと悔しそうにする様子が見られました。誰の意見かではなく、意見の中身が大切であることを話し、どの意見にも良さがあることを考えるように支援しています。

◆「主体的に学習に取り組む態度」に関わる文例

特性キーワード　積極的に活動／クラスのためにすすんで行動／責任をもって行動／司会に立候補／楽しそうに活動／最後までやり切る

自分の**当番や係**ではないことも手伝ったり、配り箱の配付物を配ったり、みんなのためにできることを自分からすすんで行っています。気付いたことをすぐ行動に移せるのはとても立派です。

係活動では、**掲示係**として掲示物を貼ったり、朝の会で一日の予定カードを掲示したりする仕事を意欲的に行うなど、自分の役割をしっかり自覚して仕事に取り組む姿が見られました。

ゆうびん係として、毎朝教室に入る前にポストの確認に行ったり、くばり箱の中身を**休み時間**ごとに確認して配付物を忘れずに配ったりして、積極的に活動しました。

給食の準備では、当番の人が使いやすいように配膳台の上を**整理**したり、仕事の手の足りないところを手伝ったりと、みんなのためにすすんで行動する姿が見られました。

初めての**係活動**は、職員室に**手紙**を取りに行く仕事を担当しました。「失礼します」と、気持ちの良いあいさつをして職員室に入り、手紙を取ることができました。責任感をもって仕事に取り組みました。

クラス当番では、給食の献立を読む仕事を担当しました。大きな声で分かりやすく読むために前もって練習するなど、責任をもって仕事に取り組む姿勢が見られました。

学級会では、すすんで司会に立候補しました。大きな声で進行する様子は自信にあふれていました。指名するときにも「～さん」とはっきり言うことができ、聞きやすかったです。

飾りつけ係となり、はりきって活動しました。教室を明るく楽しい雰囲気にしようと、折り紙などで作った飾りを貼る場所を考えながら飾りつけました。作業する様子がとても楽しそうでした。

発表会では、自分のせりふを覚えることに苦戦していましたが、友達にアドバイスをもらったり、休み時間に一緒に練習したりする姿が見られ、当日は自信をもって堂々と発表することができました。

黒板係として、自分が先に消そうという意欲のあまり、係の友達と黒板消しの取り合いになってしまうことがありました。順番でやることや譲り合うことの大切さに気付けるよう助言していきます。

一つ一つの作業に時間がかかってしまうこともありましたが、順序立てて説明をすることで自分のやるべき仕事が分かり、最後までやりきることができるようになってきました。

声を掛けられるまで、当番の仕事に取り掛かれずにいることがありましたが、やるべき仕事の内容、どの時間で何をするかを記録し、見やすい所に貼っておくことで意識が向くようになってきました。

「特別の教科 道徳」 の所見 で使える文例

●

このPARTでは、「特別の教科 道徳」
の所見で使える文例を紹介します。

「特別の教科 道徳」の文例

 特性 キーワード 思いやりがある／うそやごまかしをしない／節度を守る／自分の長所に気付く／感謝の念をもつ／時と場に応じたあいさつや言葉遣い／決まり事を守る／日本の伝統文化に親しむ／他国の文化を尊重する／命の尊さを知る

「くりのみ」の学習では、きつねとうさぎの気持ちについて、学級のみんなと話し合いました。自分のことだけでなく、相手のことも思いながら生活していくことの大切さに気付くことができました。

「ダメ！」では、良いことと良くないことを区別するには何が大切なのかを考えました。自分なりの考えをまとめ、良いことをすすんで行おうとする心が自分にもあることに気付くことができました。

「なんていったらよいのか」の学習では、良くないことをする友達に何と言うかを体験しながら考え、良いことは自信をもって行動していくことの大切さに気付き、今後への意欲を高めました。

「くまさんのおちゃかい」の学習では、うそやごまかしをしないで明るい心で楽しく生活することの大切さについて、学級での話し合いを通して自分なりの考えを見つけることができました。

「いつも　すなおに」の学習では、正直にすることでいつも明るく生活できること、良くないことをしたときは素直に謝ってすっきりさせることについて、自分の考えをまとめることができました。

「金のおの」の学習では、二人のきこりの姿を比べて「正直」について話し合い、うそやごまかしをしないで明るい心で生活できることの良さについて考えを深めることができました。

「ものやおかねをたいせつに」の学習では、物やお金の使い方や**整理**の仕方を考え、身の回りを整えて気持ちの良い生活ができることに気付き、自分なりの考えをまとめることができました。

「かぼちゃのつる」の学習では、節度を守らないと多くの人に迷惑がかかることを知り、周りの人のことを考えて、わがままをしないで自分の生活を整えていこうとする意欲をもつことができました。

「わたしのよいところ」の学習では、自分の良さについて考え、友達との話し合いを通して自分の長所をできるだけ多く見つけ、自分の特徴に気付くことができました。

「すきなものを見つけよう」の学習では、自分の良いところを友達に教えてもらう活動を通して、自分だけの良さを見つけ、それを大切にしていこうとする意欲を高めることができました。

「いまがんばっていることはなんだろう」の学習では、自分がやるべき勉強や仕事を考え、やり遂げたときの喜びや充実感を味わい、努力している自分に気付くことができました。

「おふろばそうじ」の学習では、**手伝い**をすれば家族が喜び、それが自分の喜びとなることに気付き、家族のためにできることを頑張ろうとする意欲を高めることができました。

「はしのうえのおおかみ」の学習では、親切にすることの大切さについて考え、相手の喜びが自分の喜びになることについて学級のみんなで話し合い、親切にする良さを感じ取ることができました。

「はしのうえのおおかみ」の学習では、いじわるをする気持ちを考え、思いやりによって互いに親切にすることができることを知り、仲良くすることの大切さを感じ取ることができました。

「あたたかいこころで」の学習では、身近にいる人に目を向けて親切にすることの大切さについて考え、温かい心で優しく接することの大切さを知ることができました。

「おとうさんありがとう」の学習では、お父さんの姿から世話をしてくれる人々の善意に気付き、自分が感じた**感謝**の念について考えを深めることができました。

「あいさつのことば」の学習では、日常生活の中に多くある**あいさつ**を知って、時と場に応じたあいさつや**言葉遣い**、作法などがあることに気付くことができました。

「いっしょにかえろう」の学習では、友達の気持ちをしっかりと考え、友達と仲良くすることのよさや楽しさ、助け合うことの大切さを知ることができました。

「なかなおり」の学習では、けんかしたときの気持ちを学級全員で話し合い、そのままではいけないことやけんかするほど仲が良くなるには仲直りが欠かせないことに気付くことができました。

「きいろいベンチ」の学習では、決まりやマナーについて話し合い、誰もが気持ち良く生活するためにマナーがあることや安心して過ごすために決まりがあることなど考えを深めることができました。

「きいろいベンチ」の学習では、みんなで使う場所や物についてどうするのがよいのかを話し合い、みんなが気持ち良く過ごすために約束や決まりがあることを考えることができました。

「学校にある決まりについてかんがえよう」の学習では、学校にあるたくさんの決まりを知り、それらを守ることでみんなが気持ち良く安心して過ごせることに気付くことができました。

「みんながえがおに」の学習では、間違えた解答をする子に対して、温かく接することについて話し合い、誰に対しても正しく、公平にすることの良さを感じ取ることができました。

「こくばんとうばん」の学習では、「自分の仕事はしっかりやる」と記述（発言）し、**当番**、**係活動**などの仕事について考え、みんなのために役立とうとする意欲を高めることができました。

「森のゆうびんやさん」の学習では、みんなのために役立とうと仕事を頑張るりすさんの姿に共感して、自分も**当番**や**係活動**などの仕事をすすんで頑張ろうと、意欲をもつことができました。

「おじいちゃんだいすき」の学習では、おじいちゃんとの手紙のやりとりについて学級全体で話し合い、家族への思いや家族の一員として役に立つ喜びを感じ取ることができました。

「がっこうだいすき」の学習では、教科書の絵を見て学校で過ごす楽しさを話し合い、自分たちの学校の大好きなところを考え、学級や学校で過ごす喜びを感じ取ることができました。

「日本のぎょうじ」の学習では、家庭や学校の周りにある行事について話し合い、自分たちが住んでいる場所にも多くの行事があることを知り、地域に親しみをもつことができました。

「がんばれまごべえ」の学習では、自分の地域に古くからある行事などを知り、そのような行事がわが国の伝統や文化であることに触れ、自分の地域をもっと好きになることができました。

「せかいのあいさつ」の学習では、世界のあいさつの違いを通して、他国の文化に気付いたり、他国との交流に触れたりして、自分たちと異なる文化の良さに気付くことができました。

「いのちのはじまり」の学習では、おへその秘密などから生きている証しについて学級のみんなで話し合い、毎日元気に過ごしていることの素晴らしさを感じ取ることができました。

「ハムスターのあかちゃん」の学習では、赤ちゃんの命がお母さんの支えや自分の生きる力で育まれていることを感じ取り、自分の命も同じように大切にしたいと意欲をもつことができました。

「たのしかったハイキング」の学習では、自然に親しみ、動植物に優しく接しようとする心情を考え、自然や動植物を大事に守り育てていくことの大切さに気付くことができました。

「しぜんとなかよし」の学習では、自然や動植物と触れ合った体験をたくさん思い出し、自分が自然や動植物と共に生きていることのいとおしさに気付くことができました。

「見上げてみようよるの空」の学習では、身近な自然に触れたときの気持ち良さについて考え、美しいものや清らかなものに感動し、すがすがしい心をもつことができました。

「七つのほし」の学習では、ひしゃくを持った心の優しい女の子の姿について話し合い、美しいものや清らかなものに感動し、すがすがしい心が自分にもあることに気付くことができました。

「おとうさんありがとう」の学習では、「ありがとうの気持ちが大切なのは、自分や相手の気持ちが明るくなるから」と記述し、親は自分に対して愛情をもって育てていることに気付きました。

「あと少し」の学習では、失敗しても諦めずにコツコツと努力することの大切さを学級全体で話し合い、粘り強くやり抜くことの素晴らしさに気付き、意欲を高めることができました。

索　引

児童の「活動内容」「活動場面」「学習内容」から検索いただけます。

あ

あいさつ　　20, 23, 24, 47, 53, 54, 60, 68, 98, 99, 104, 105
アサガオの栽培　　46, 47
朝読書　98
朝の運動　27
朝の会　　20, 21, 37, 49, 99
朝の準備　　29, 54, 56, 97
朝の読書　20
朝マラソン　27
あそび係　98
暗唱　84

い

生き物係　　36, 37, 40, 43, 46, 47
色水　89
インタビュー　82

う

うんてい　　29, 92
運動会　　26, 27, 43, 95

え

絵　87
笑顔　　22, 32, 33, 41, 42, 43, 44, 47, 49, 51, 53, 54, 83, 94
餌やり　　36, 47
演奏　　84, 86
遠足　　35, 51, 59

お

大きい数　　71, 73, 74, 74, 75, 76, 77
大なわとび　27
お楽しみ会　　50, 98

お誕生日係　40
お手伝い係　　42, 49
落とし物係　40
鬼遊び　93
鬼ごっこ　　25, 27, 28, 29, 40, 41, 50, 52, 55
折り紙　　33, 39, 40, 55, 58, 100
音楽会　　84, 87
おんがく係　98
音楽づくり　86
音読　　40, 65, 67, 68, 69
音読劇　40
音読劇発表会　59
音符　84

か

会話文　　66, 67
帰りの会　　20, 37, 48, 49, 99
係　　48, 49, 99, 100
係活動　　32, 37, 39, 42, 43, 58, 59, 60, 97, 99, 104
学習活動　56
学習の準備　　21, 23, 32, 33
かくれんぼ　29
かけっこ　　43, 93
飾り係　58
飾りつけ係　　39, 100
歌唱　87
数　　71, 72
片仮名　65
形遊び　　72, 73, 74, 75, 76, 77
形づくり　　74, 77
片付け　　20, 21, 24, 43, 48, 49, 51, 54, 62, 80, 81, 86, 96, 97
学級会　　39, 59, 97, 98, 99, 100

学級活動　　33
学校探検　　78, 79
合奏　　84
体ほぐしの運動　　94
観察カード　　57, 81
漢字　　65, 66
漢字学習　　30
感謝　　21, 22, 103
鑑賞　　85
完食　　25, 26, 27, 54, 55
漢数字　　65
ガンバリタイム　　28, 92, 95

き

着替え　　23, 24, 31, 33, 35, 41, 53, 57
器楽　　84
季節の歌　　85
キックベース　　95
給食　　21, 22, 24, 25, 26, 27, 28, 29, 30,
　　35, 45, 54, 55, 78, 97, 99, 100
給食係　　35
給食当番　　22, 33, 36, 38, 48, 49, 57, 58,
　　61, 62, 96
給食リーダー　　97
教室移動　　33, 37

く

句点　　64
句読点　　65, 66
配り係　　42
配り当番　　36, 37
クラス当番　　100
クラスレク　　98

け

敬語　　64
掲示係　　99
敬体　　66
ゲーム係　　50
下校　　36

けんこう係　　98
鍵盤ハーモニカ　　32, 84, 86

こ

校歌　　84
校外学習　　97
工作係　　43
国語　　30, 41, 59
黒板係　　100
黒板記録係　　97
言葉遣い　　20, 22, 23, 24, 31, 66, 104
子ども祭り　　98
ゴム跳び遊び　　95

さ

サッカー　　26, 27, 28, 45, 91
サッカー遊び　　92, 94, 96
算数　　44, 56

し

詩　　69
司会　　97, 98, 100
持久走大会　　26, 92
時刻　　71, 73
自己紹介　　64, 68
始筆　　65
社会科見学　　45
シャボン玉　　79, 82
終筆　　65
10より大きい数　　72, 76
授業　　21, 22, 24, 29, 34, 35, 37, 39, 48,
　　50, 53, 54, 75, 86, 99
授業中　　22, 23, 30, 42, 44
授業の準備　　20, 35, 52
宿題　　20, 58, 97
主語　　64, 65, 66
述語　　64, 65, 66
常体　　66
助詞　　64, 65
助数詞　　65

新体力テスト　　91

す

水槽の掃除　　47
砂場遊び　　45

せ

生活科　　46, 47, 57, 61, 90
正義感　　31
整頓　　21, 23, 32, 49, 54, 59, 97
整理　　22, 32, 53, 59, 99, 102
整理整頓　　21, 22, 23, 24, 28, 32, 59, 98
説明文　　65, 66, 67, 68, 69, 70
旋律づくり　　86

そ

創作ダンス　　95
掃除　　28, 30, 32, 34, 37, 38, 39, 43, 46, 48, 49, 57, 62, 97
掃除当番　　36, 44, 57, 97
送筆　　65
促音　　64, 65, 66
外遊び　　21, 23, 26, 28, 29, 34, 54, 55, 63

た

体育　　26, 29, 33, 39, 41, 43, 54, 55, 60
体育集会　　27
体温調整　　29
濁音　　64, 65
たし算　　71, 72, 73, 74, 75, 76, 77
誕生日係　　33, 40

ち

着席　　20, 34
注意　　21, 30, 31, 41, 42, 50, 52
長音　　65

て

手遊び　　86
手洗い・うがい　　21, 25, 28, 29

手紙　　68, 70, 82, 99
手紙係　　49
デコレーション係　　38
手伝い　　32, 37, 48, 49, 80, 96, 103
鉄棒　　30, 54, 56, 93, 94, 95
テレビ・スイッチ係　　96
電気当番　　35

と

登下校　　82
登校　　20, 22, 26, 28, 29, 31, 36, 43, 97
当番　　33, 35, 37, 48, 58, 62, 97, 99, 100, 104
当番活動　　33, 34, 36, 42
動物　　61, 90
読書　　20, 30, 32, 68
時計　　71, 73
ドッジボール　　43, 50, 92
跳び箱　　91, 92, 95, 96
どんぐりコースター　　80, 81
どんぐりゴマ　　83
どんぐりマラカス　　83

な

長さ　　72, 73
仲間づくり　　71, 72
なわとび　　26, 28, 54, 91

に

日直　　36, 49, 57, 62, 99
日直当番　　37, 50

ね

粘土　　88, 89, 90

の

登り棒　　92

は

撥音　　65

発言　　23, 33, 50, 54

発表　　35, 36, 39, 40, 41, 53, 58, 64, 74,
　　78, 80, 81, 82, 83, 94, 97, 98, 100

発表会　　40, 59, 79, 83, 100

話し合い活動　　56

幅跳び　　93

歯磨き　　25, 26, 28, 98

早寝・早起き　　25

早寝・早起き・朝ごはん　　54

半濁音　　64, 65

ひ

ひき算　　71, 72, 73, 74, 76, 77

日付　　65

筆順　　64, 65

表現あそび　　92, 94, 96

平仮名　　64, 65, 69

ふ

プール　　81, 91, 92

へ

ペープサート　　81

返事　　20, 23

ほ

母音　　69

ま

マット遊び　　39, 91, 95

マット運動　　94

的当てゲーム　　93, 96

窓当番　　36, 57

み

水遊び　　91, 92, 95, 96

水やり　　31, 33, 36, 43, 46, 57, 59, 61, 80

ミニハードルリレー　　93, 95

め

面積　　71, 73

も

物語　　65, 66, 67, 68, 69, 70

や

休み時間　　20, 21, 22, 23, 24, 25, 26, 27,
　　28, 29, 30, 32, 35, 38, 40, 41, 42, 43, 44,
　　45, 46, 47, 50, 51, 52, 53, 54, 55, 56, 60,
　　81, 83, 86, 89, 90, 91, 92, 95, 99, 100

ゆ

ゆうびん係　　99

よ

拗音　　65

幼稚園児との交流　　36

拗長音　　65

曜日　　65

り

リズム遊び　　94

リズムアンサンブル　　86

リズム譜　　84

リレー　　91, 93

れ

礼儀作法　　21

レク係　　40

レクリエーション　　40

ろ

6年生を送る会　　39

わ

わらべ歌　　86

執筆者一覧

●編著

小川　拓
（共栄大学准教授／元埼玉県小学校教諭）

1970年、東京都生まれ。私立、埼玉県公立学校教諭・主幹教諭を経て、2015年度より共栄大学教育学部准教授。2007年度から埼玉県内の若手教職員を集めた教育職人技伝道塾「ぷらすわん塾」、2015年より「OGA研修会」（教師即戦力養成講座）等にて、若手指導に当たっている。主な図書に『効果２倍の学級づくり』『できてるつもりの学級経営９つの改善ポイント―ビフォー・アフター方式でよくわかる』『子どもが伸びるポジティブ通知表所見文例集』（いずれも学事出版）他がある。

●文例執筆者（50音順）

井上　　勉（神奈川県横浜市立東台小学校）

井上　博子（埼玉県入間市立狭山小学校教頭）

岩川みやび（共栄大学教育学部准教授）

大澤　　龍（埼玉県和光市立第五小学校）

小畑　康彦（埼玉県さいたま市立大成小学校教頭）

髙橋　健太（在ロシア日本大使館附属モスクワ日本人学校）

髙橋　美穂（埼玉県上尾市立大谷小学校）

竹井　秀文（愛知県名古屋市立楠小学校）

千守　泰貴（静岡県東伊豆町立稲取小学校）

中山　英昭（埼玉県上尾市立東小学校主幹教諭）

原口　一明（元埼玉県公立小学校校長）

船見　祐幾（埼玉県さいたま市立栄小学校）

細野亜希子（埼玉県上尾市立西小学校）

溝口　静江（元神奈川県公立小学校主幹教諭）

※所属は2023年１月現在のものです。

●企画・編集

佐藤 明彦（株式会社コンテクスト代表取締役、教育ジャーナリスト）

新版 子どもが伸びるポジティブ通知表所見文例集 小学校 1 年

2023年 4 月 1 日　新版第 1 刷発行

編　者　小川　拓
　　　　おがわ　ひろし

発行人　安部　英行
発行所　学事出版株式会社
　　　　〒101-0051　東京都千代田区神田神保町1‐2‐5
　　　　電話　03-3518-9655
　　　　HP アドレス https://www.gakuji.co.jp

制作協力　株式会社コンテクスト
印刷·製本　精文堂印刷株式会社